河圖洛書・前傳

用科學眼追蹤還原中華史前文明拼圖

王唯工 著

自序

以科學破解神祕的古文明

我求學的過程中，一直對中華文化之神祕充滿好奇。二十歲以後，決定以研究中醫為終生志業，一下子五十年過去了。

先由通俗教材讀到古書，一直往歷史上游追尋。接觸《黃帝內經》這本書後，我在其中沉浸了很久，但是當理解大部分的內容之後，沒想到更充滿疑問：

「這些理論是如何產生的？」

「是誰這麼有智慧，完成了這個龐大而實用的系統？」

我們今天用著這個系統，但不會全面的應用，更難以發揚光大。我們試著用自己有限的知識來理解這個系統，卻創造了似是而非的五行理論，將這博大精深的體系徹底毀壞，這個破壞比一萬年前天外飛來的隕石更為可怕。

一萬年前我們的先祖在一片迷迷濛濛之中，開天闢地，一切從頭開始。後人把一萬年以前的智慧、知識，重新拾掇起來，而假神農、黃帝之名呈現。

今天在「一切講科學」的環境之下，我們把這些一萬年前的數位文化整理出來，將中華文化做一個徹底的整理，也許能夠因此整理出更完整的知識，如中醫、中藥、易、河圖洛書。但是更重要的是，讓我們重新認識自己。

希望我們今後能發掘更多一萬多年前的文明證據，以充分了解我們從哪裡來，進而引導我們往光明大道走去。

王唯工

前言

探究河圖洛書身世之謎

研究一個古文明的議題，不能只靠傳說。因為傳說，除了「傳」之外，還要「說」。這個「說」，可以見仁見智，也可能會加油添醋，再循環傳與說的過程，最後或許有些事實的影子，但是故事性遠大於事實。而研究工作首要重視的是究竟有多少真實性。

一個傳承了萬年以上的文化，不僅只是在考古資料中找尋扎實的證據，再平鋪直敘將事實呈現出來。在追尋河圖洛書的過程裡，我們像偵探一樣，追根究柢，絕不放過一絲一毫的證據，再以合理、合於科學的推論，將這些零散的證據串起來，找出這個文明存在的證據。至於傳說嘛，如果真能證明合情合理，倒也是別有趣味。

在《河圖洛書新解》一書中，我們由河圖洛書可能出現的時期為界，討論其存在於文化之中的軌跡及影響。雖然現今看來仍以考古考證和推論為主，但是對河圖洛書而言，已是河圖洛書出生以後的記錄了。

而河圖洛書究竟是在什麼環境下產生的，這又是一個有趣的問題。在什麼樣的文化背景下產生了河圖洛書的文明？

文化文明是人類活動產生的，是大量個人的心智活動，一棒接一棒，一再傳承、演進，一定有其連續性。在追尋這個連續性的同時，就能更了解河圖洛書出生以前的文明。

現代人對於古文明常加上很多臆測，也喜歡誇大古文明的成就，一旦碰觸到難解之謎，就歸於「外星人」所為，似乎只要不能解釋或不會解釋的事，全都推給外星人就對了。這是個不負責的做法，故步自封的遁辭而已。

我們在這裡，進一步討論《河圖洛書前傳》，就是為了解河圖洛書身世之謎。

而在解謎的過程中，也期待能夠做到：

一、將中華文明由八卦、易經、炎黃，不僅往前推進，而且推進到更高的境界，更久遠的古代。

二、希望這些推論可以對今後的考古及人類學提供一些大方向。讓那些缺了好幾塊的拼圖，看來似貓、似犬，如果能猜想是一種動物，也算有了一些指引，有助早日拼湊出中華古文明的相貌。

Contents
目　錄

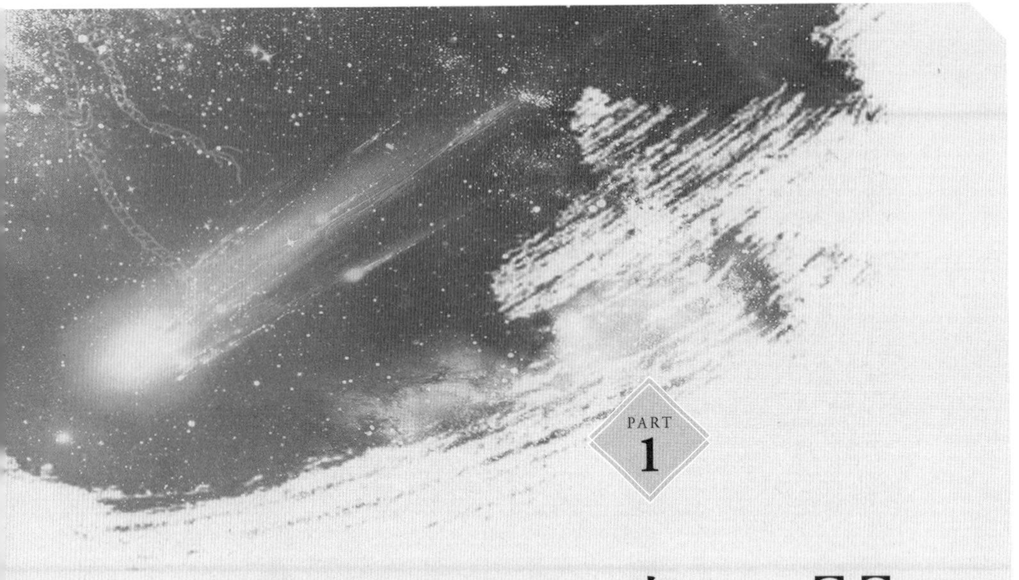

PART 1

探尋世界各地四萬年至一萬年前的考古遺跡，從歐美到日本都有著閃耀的古文明，唯有中國的中原地區，這三萬年間似乎只有山頂洞人存在！讓人好奇究竟發生了什麼事情？

目錄 Contents

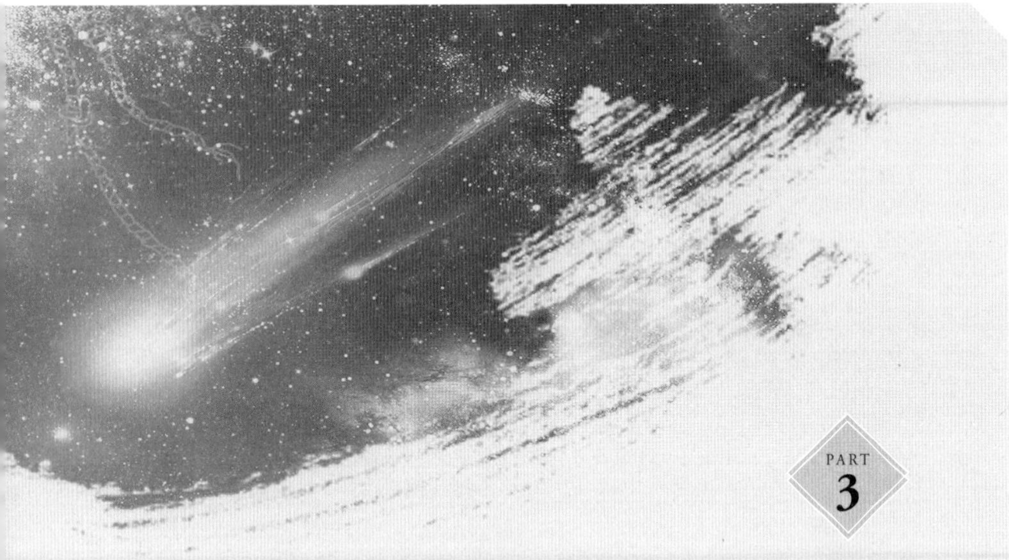

PART 3

水落石出

上古時代，曾經山崩地裂，大火蔓延不熄，洪水氾濫不止……傳說中的情景，原來是隕石衝擊地面?!當太湖被證實為隕石坑時，很多事情不言而喻，真相也就大白了。

目錄 Contents

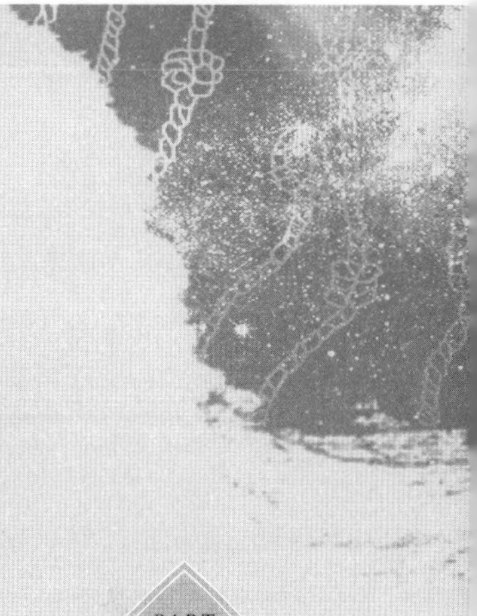

PART 4

還原一萬年前中華古文明的樣貌

印加馬雅文化是中華古文明的精簡版？從線索中可以推論，從傳說中可以想像，從考古證據中獲得證實，原來印加文化的先人經由白令海峽抵達美洲，兩者間有明顯而確實的連結。

PART 1

中華文化中一段消失的文明

探尋世界各地四萬年至一萬年前的考古遺跡，
從歐美到日本都有著閃耀的古文明，
唯有中國的中原地區，
這三萬年間似乎只有山頂洞人存在！
讓人好奇究竟發生了什麼事情？

1 細數八千年前考古證據，發現文化斷層

河圖洛書若依照伏羲畫八卦的時間為原點，就該是七、八千年以前產生的。因此，我們從找尋七、八千年以前的考古證據開始著手。

黃河與長江流域是水源豐富的區域，不論是河南地區的河流縱橫，沼澤密布，或長江流域幾個大湖區、沖積平原。這些地方取水容易，而又不常遭水災，應是古代人類聚集繁衍的根據地，水患可能就是最大的天然災害。

我們從最早發現古代人類的遺址開始說明：

一、**元謀人：**距今約一百七十萬年，於一九六五年在雲南省元謀縣上那蚌村發

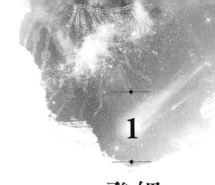

現。已會使用粗糙石器及用火。

二、**北京人**：距今約五十萬年，一九二九年在北京周口店龍骨山發現。使用打製石器，從事狩獵及採集；已經長時期使用火，能以火照明、取暖及燒烤食物。

三、**陝西藍田人**、**安徽和縣人**：兩者都是在約七十萬年至二十萬年前的遠古遺跡中發現。

四、**山頂洞人**：與北京人相同，都是在周口店龍骨山發現的遺跡，只是山頂洞人住在龍骨山山頂洞穴，故名「山頂洞人」；發現分屬八人的骨骼與牙齒，似乎只是一家人住在一起，並不代表特定文化。這個原始人家庭，生活在大約一萬八千年之前，其模樣已與現代中國人相同。遺址內還發掘有骨針，針上有孔，可穿線縫製衣服；也有許多穿孔的獸牙、石珠、蚶殼，可能是用於裝飾。

此時的文化水準仍停留在舊石器時代，沒有農業、畜養動物等新石器時代才有的技術與知識。

五、**賈湖文化**：一九七九年於河南省漯河市舞陽縣賈湖村發現，是目前找到有具體實物證據的最早文化遺址，約存在於九千至七千七百年前，由於和裴李崗文化有很多相似之處，一般皆認為是裴李崗文化源頭，也有學者將之併入裴李崗文化。

在此特別對賈湖文化進一步分析說明，因為這是接著山頂洞人之後，在時間順序上最古老的考古發現。

賈湖文化主要分布在淮河上游的沙河與洪河流域，以石斧、石鏟、石磨盤、鼎形器為主要文化特徵。其文化指標性物質有七聲音階骨笛、釀酒技術及陪葬物；包括成組的龜甲，內裝石子，外刻有符號，似乎是占卜之用。已能馴化並飼養動物，並且會種植稻米。

在這些特徵中，有兩項在此特別提出來討論：

(1) **骨笛**：有五孔、六孔、七孔、八孔等，表示對音階已有認識。其中以七孔骨笛發現最多，可吹出八度音域，與現代樂器相同。這表示，此時對聲音產生之原理、笛子孔距與聲音共振間的關係，已具有充分的了解。

此外，值得注意的是**這些笛子沒有使用五音音階。表示以五音來配合五行，可**

能是漢朝以後才發展出來的。

(2)釀酒技術：由發掘出土的陶製釀酒器及盛酒器殘留物質分析，其原料包括

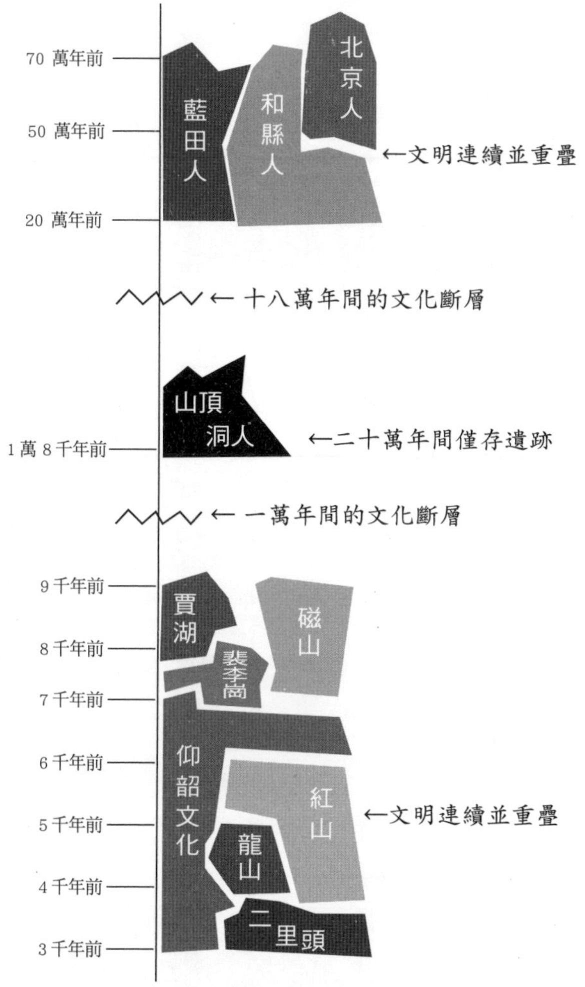

▲中華文化考古遺跡年代示意圖

大米、蜂蜜、葡萄和山楂等，此配方是美國考古學家賓夕法尼亞大學（University of Pennsylvania）馬克高文（Patrick E. McGovern）教授分析當時的殘留物後而得，證明**中國人在九千年前已經有釀酒技術**。後來美國德拉瓦州（Delaware）一家名為「角鯊頭（Dogfish Head Craft Brewery）」的酒廠根據此配方複製生產了中國古酒，取名為「賈湖城（Jiahu）」，經美國《國家地理（National Geographic）》雜誌刊載後，曾引起大陸民眾廣泛的討論。

六、**裴李崗文化**：此文化位於黃河中游地區，根據標本測定結果，距今約八千年至七千年前，此時已懂得畜牧與耕種。主要農作物可能為粟，並以石磨盤研磨成粉；其他農作物有棗、核桃等，畜養動物則包含豬、狗、雞等。

開始燒製各種陶器，如缽、缸、杯、壺、罐、盆、甑、碗、勺、鼎等，以及具造形的藝術品。其中最有趣之陶器裝飾為乳丁紋。

七、**磁山文化**：此文化首先在河北南部發現，也分布到河南北部，約為七千三百年前人類活動之遺跡。

此地區與伏羲之出生地天水（另一說河南濮陽，但甘肅天水距太湖較遠，可能性較大），以及相傳的活動期間是相同的，距祭祀女媧皇宮的涉縣也不足百里，被猜想為中華文化之源頭。而最新鑑定，磁山文化可能是九千至七千一百年前之文明，遺址包含了近一千年間的人類活動遺跡。此文化最有趣的發現為糧倉，共一百多個，儲存小米多達五萬公斤以上。

磁山文化與裴李崗文化有密切關係，而賈湖文化又為裴李崗文化之可能源頭。因此賈湖、裴李崗、磁山這三個文化，可能是中華文化所能追尋的最早來源。在這三個文化之後，中華文化遺跡的發現就很多了，例如：

仰韶文化：七千年至三千年前。

龍山文化：五千年至四千年前。

二里頭文化：四千年至三千六百年前。

紅山文化：六千年至四千年前。

其他如大地灣、馬家窯、三星堆、河姆渡、興隆窪等，不下數十個重大發現分布各地，在時間上也相互重疊，而且因為年代相連，彼此之間可能互相影響，也就有跡可循。

由以上所述，如果中華文化或文明從伏羲開始算始祖，最多只能追九千年，加上孕育期間，也不超過一萬年，而前面的山頂洞人已是一萬八千年前，更早期遺跡就是二十萬年前的藍田人、五十萬年前的北京人……，中間則毫無歷史痕跡，有如文化斷層。

▼中華文化考古遺跡位置示意圖

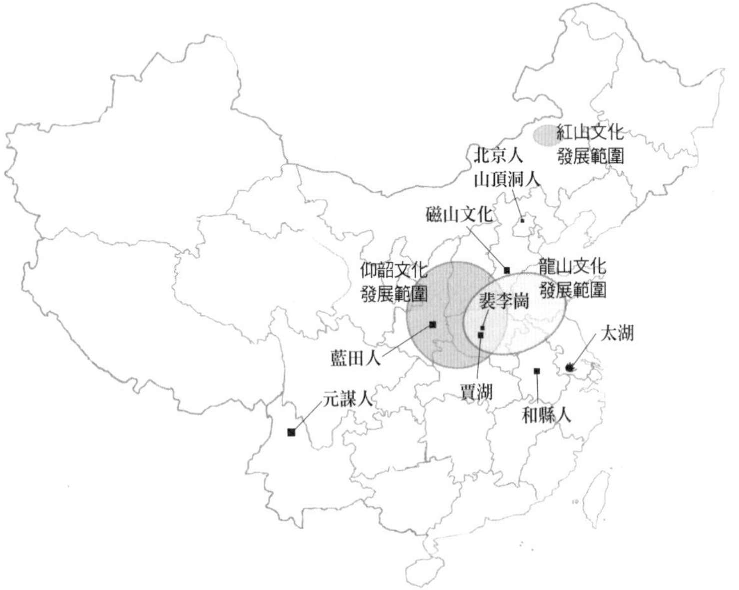

2

四萬到一萬年前，外地古文明班班可考

將焦點轉到世界其他地區，把注意力放在四萬年至一萬年前之新石器時代前期，回溯至舊石器時代末期，並整理一下各地古文明的發現。

◆已發掘的史前人遺跡

一、**現代人骨化石：**在羅馬尼亞喀爾巴阡山脈發現三萬六千年至三萬四千年前之現代人骨化石。

二、**姆拉德克人**：是目前在歐洲發現最早群居之現代人，大約出現在三萬一千年前，遺址在捷克摩拉維亞地區的洞穴中被發現。

三、**尼安德塔人**：可能是一直居住在歐洲的古人類，與上述兩種人長時間（約一萬多年）同時存在，於二萬八千年前消失。

◆古文明留下之藝術品等遺跡

一、**在法國南部及西班牙北部發現，約有三百多個洞穴存在著史前壁畫遺跡，知名的洞穴包括：**

阿爾塔米拉（Altamira）**洞穴**：位於西班牙北部桑坦德市西方的桑蒂利亞戴爾馬爾鎮，學者在洞穴中發現彩色的壁畫，描繪野牛、野豬、鹿、馬等野生動物，洞穴約三百公尺長，為距今一萬二千年舊石器時代末期的遺跡，也是至今發現最豐富的史前人類藝術遺跡。

拉斯科（Lascaux）**洞穴**：位於法國多爾多涅省蒙特涅克村的韋澤爾峽谷，洞內有近一千五百個岩雕，以及五百餘幅壁畫，主題有牛、馬、鹿及人像等，經測定約為一萬五千年前的遺跡。

科斯奎（Cosquer）**洞穴**：位於法國馬賽港附近。由於冰河消退，海平面上升，使洞口位於海平面以下，是由潛水夫經由海底隧道才發現這處遺跡，洞內壁畫經推測為二萬八千年前之作品。

二、**奧地利維倫多爾夫的維納斯**（Venus of Willendorf）

在奧地利小鎮維倫多爾夫發現，以非本地的卵形石灰石雕成，高十一公分，女性特徵被誇大，是生育、多產的象徵。推測為三萬年至二萬七千年前之作品。後來在法國南部勞賽爾也發現一尊雕刻在岩壁上的女神，稱之為勞賽爾的維納斯（Venus of Lausel），高七十一公分，右手持一牛角，為石材浮雕，推測為二萬二千至二萬年前之作品。

三、**德奧法一帶均發現骨笛**

德國南部施瓦本山區的霍赫勒菲爾斯（Hohle Fels）岩洞中發現一支鳥骨笛子，長二十二公分，直徑八公厘，有四個按孔，約為三萬五千年前的遺物，同月也在附近發現一個象牙材質的女性雕塑碎片，此雕塑高六公分，體型非常豐滿，應是相近時期之作品，稱為霍赫勒菲爾斯的維納斯。

此外，在奧地利也有出土的笛子，以馴鹿的骨頭雕成，估計約有一萬九千年歷史，而在法國庇里牛斯山脈也發現二十二支三萬年前的笛子。

四、瑞典斯科納省（Skåne）哈諾灣海底十五．七公尺處發現史前人類聚居的遺跡

這個區域整體狀況保存得不錯，考古學家發現有木製品、動物角、繩索和用動物骨頭製作的魚叉等物品，還發現有野牛的骨骼與鹿角，推測為一萬一千年前居民的聚集地。

五、日本沖繩貝製工具

二〇一二至二〇一三年間在沖繩本島南部發現貝製工具殘片，也有一些是裝飾品，經過^{14}C[註]測定年代，檢測為約二萬年前的物件，同時還發現了一些人骨、牙齒等。這次人骨與文化遺物的出土，對沖繩史前文化研究具有極大意義。在此之前亦曾在本州中部的長野縣發現貝器，約為一萬二千年至一萬年前的古物。

六、哥貝克力石陣（Göbekli Tepe）

位於土耳其東部烏爾法市郊，一九九四年由當地庫爾德人放牧時發現，其建造歷史可追溯至一萬一千年以前，甚至比埃及金字塔還要早，有可能是世上最古老的寺廟。由至少二十個環狀建築體構成，環形建築間有許多T字狀巨型石柱，石塊重達十六噸，石柱上刻有圖案。

這些建築有可能是當時的人類為了崇拜天狼星所建，現今天空中月球、金星、木星、天狼星為四顆夜間最亮的星體，但一萬一千年前人們還看不見天狼星，直到地球自轉微振，才使得哥貝克力山丘上的居民首次看到此顆明星：天狼星。為了新的星體誕生，而建築這個石陣，有可能是宗教信仰的表現，也有學者表示此地是伊甸園所在。

我們尚未納入美洲、台灣及海南島等地的考古發現，就已經找到了這麼多在四萬年至一萬年前有關人類文明的考古證據。

註：^{14}C是一種放射性碳元素，由宇宙射線活化之中子與氮原子生成，半衰期約為五千七百年。空氣中二氧化碳所含的$^{14}CO_2$與$^{12}CO_2$之比例是相對穩定的，所以當生物在有生命時，不論是植物本身或食用植物、食用植物的動物或食用動物，其基本原料皆是以CO_2為原料，經由光合作用所產生的醣。當生物死後，^{14}C與^{12}C之比例，就因^{14}C衰變為氮而愈變愈小，而^{14}C經過五千七百年減少一半，由此比例即可精確定出五萬多年至近千年前生存過的生物生長時期，以及由這些生物所製造的用具年代，例如植物、木製品、花粉、種子、骨頭、牙齒……等都可以測定。這種方法稱為「放射性碳定年法」。

3 近三萬年的遺跡無故失蹤？

究竟中華文明中四萬年至一萬年前的考古遺跡哪裡去了？

◆山頂洞人是唯一遺跡

我們至今唯一找到的是山頂洞人，是由少數人留下的一點遺跡，不代表特定文化。

一九三〇年研究人員在周口店龍骨山北京猿人遺址工作的過程中，於龍骨山頂部發現了一個新的洞口，山頂洞人的化石因此出土。由於是在北京猿人洞穴上方的山頂洞中發掘，因而得名。

北京猿人距今五十萬年，反而是住在較低、較方便的山洞，這樣的對比值得討論，其中有兩個問題可以深入探究。

一、山頂上取水不便，採集困難，山頂洞人為何棲身於山頂洞穴中？

二、山頂洞人真能代表當時的文明與文化水準嗎？

早期人類多居住於洞穴，一方面遮風擋雨可棲身，另一方面保護自己免於野獸攻擊，但大多會選擇取水容易、地勢較低的山洞。為了生活便利，這是很自然的選擇，但如果聚居的人數增加，就會開始往河灣、沼澤、湖邊聚集，也就是逐水草而居。因此，不禁讓人想問：「山頂洞人為什麼要住在最高的洞穴中？」

◆人類擴散發展的模式

我們試著由人的基本行為模式切入討論，先拿台灣早期移民分布當做模型。

台灣早期的原住民可能來自長江口，在史前河姆渡文化時期註遷移至台灣，活動範圍包括全島，以平地為主。十六世紀末期，由中原來的客家人開始從廣東一帶遷徙到台灣，起初也是開墾平原地區。此時，原住民漸漸離開平原，遷移至丘陵與山區，但之後自稱河洛人的閩南人來到島上，由於人多勢眾，逐漸佔據了最好的平坦地區，客家人被迫遷移到丘陵地帶居住，而更早來的原住民則被趕到生活艱困的山區，被稱為山地人。

這個模式可能是人類發展過程中的共同特性。文化較落後、競爭力不足的族群，不論大小，總是被驅趕至強勢族群不願意去的地方生活，例如北美的印地安人，不也是同樣被趕到生存條件最差的地方居住。

◆被趕到山頂洞穴的人?!

以上的探討同時也對第二個問題提供了一些啟發。

山頂洞人應是當時在文化、競爭力上的落後群體，所以被趕到別人不願意住的山頂洞穴生活。

當時在山頂洞穴遺跡中發現的遺骸及牙齒等，可分辨出有八個人，是個很小的家族，所以既非人口聚集之處，也不足以代表當時大多數人類的文明水準。在長江、黃河流域為什麼找不到四萬年至一萬年前的人類文明遺跡？為什麼只留下一個山頂洞穴中少數人的生活遺址？

◆中原文明的消失？

過去幾百萬年間，人類在各地區興起的文明曾經發生過幾次重大的消失事件。這些大毀滅的原因，或許是乾旱、水災、氣溫變遷等慢慢發生之事件，如馬雅文明、印度文明的消失，可能是因為乾旱所造成。

如果一萬二千年前曾經發生過氣溫劇烈變化或者大洪水等天然災害，因而促使許多文明的消失，但這類災害造成消失過程是逐漸演變的，應該仍能發現與挖掘出一些考古遺跡。

如果是因火山爆發而摧毀，雖然發生得很突然，但仍可在火山熔岩下找到覆滅的文明遺址……這些大災難仍然會留下蛛絲馬跡。

不過，還有一種最可怕的天災，即天體由外太空飛來，也就是隕石或彗星撞地球，這種災難發生於極短的時間，古代人類完全沒有預警的機制，當然也沒有閃躲的機會。

根據現代科學的模擬，如果一個直徑數公里、甚至達數十公里的大型天體，往地球衝撞而來，主要隕石在落地之前就能造成極大風暴，落地時的高溫可達到攝氏四、五千度，有如核爆中心。接著帶有高溫的隕石破碎四散，造成周圍四處開始燃燒，包括人類、動物、植物、地面物件、地表土壤，甚至直達地球岩漿，所有的物質都會被瞬間氣化；緊接著而來的，是各處大火、巨大海嘯、地底岩漿噴出，如同火山爆發一般。

依照與主要隕石落地所在的距離不同，則會出現不同程度的破壞，可以刨地深達幾十公尺，甚至幾百公尺。而等到大火、海嘯、熔岩暫歇後，接著是汙濁氣體蔽日，並下起酸雨……

這是種非常徹底的毀滅，不僅所有文明消失殆盡，就連人類曾經生活於此的證據也完全滅絕。

通常，考古遺跡如果在深山洞穴中最容易保存，不過古文明聚集地多在有水源的地方。不同年代的人類，常常生活在相同的水草豐盛之地，於是留下的遺跡就像千層糕一樣，一層一層的往上堆積。**這種層層堆積的結構，一則遺物很多，二則遺跡集中，三則判斷年代較容易，也就成為了解跨時代文明狀況最佳的發掘地點**。

試想，如果一個重大的隕石事件，把地層刨掉了幾十公尺，甚至幾百公尺，那麼幾千年或幾萬年前的遺跡應該也都會隨著灰飛煙滅吧！讓我們找一找在一萬年前有什麼重大災難，可能造成一萬年以前的中華文明遺跡一掃而空？

◆毀滅性災難

在西方各種傳說、歷史記錄或考古證據中，顯示最多的是大約一萬二千年前的一場大洪水。

例如《聖經》中有諾亞方舟；柏拉圖的《對話錄》中有亞特蘭提斯王國沉入海底；黑海也因海水暴漲，海水由地中海浸入，而變成鹹水湖，形成了黑海與地中海的通道。印地安人在一萬四千年至一萬二千年前，由亞洲經過白令海峽往北美洲的通路，也在一萬二千年前因海水上升而中斷。

但類似的西方大洪水遺跡及其他證據，並沒有在中華古文明中找到，也不存在於上古諸多傳說中。歐洲及美洲的文明雖然因大洪水的摧殘，受到重大破壞，但是大洪水之前的遺跡仍然存在，或藏在山中高地，或浸在大海灣之下。由前面整理出的三萬多年至一萬多年前考古遺跡可見一斑。

中華古文明由女媧補天、造人的傳說開始，而其相關連的各種說法，如「天崩地裂」、「大火之後，大水」、「幾乎毀了所有的文明」，也「殺死了絕大多數的百姓」……似乎才是現代中華文明與文化傳說中的開始。這些傳說是否傳達著當時某件毀滅性的災難呢？

註：河姆渡文化，一九七三年於浙江餘姚發現遺址，是分布於長江流域下游一帶的新石器時代文化遺跡，經測定年代約為西元前五千年至西元前三千三百年間。

4 傳說與事實

傳說，是古人說的故事。在沒有文字記錄的時代，故事只有靠著口耳相傳，而由於沒有證據，所以真實性往往令人存疑。

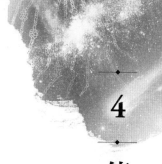

傳說的特性以人為核心

中華文明中的傳說很多，且在有文字記載之後，變得愈來愈多，也愈來愈不一致。然而對於天地形成時，天崩地裂，渾沌不清，日月不明，經過盤古開天闢地後才形成天在上、地在下的模樣，盤古並以自己的身體創造出宇宙萬物，這段神話是比較一致的說法。此外，伏羲、女媧也是比較一致的傳說。

說到故事，一個故事通常必定先有個主角，就是人；要有事蹟，就是發生了什麼事；以及達成事蹟所使用的工具，也就是物。人、事、物是所有傳說故事的核心元素。

其中人更是核心中的核心。翻開西方神話傳說，其中最有名的是《伊利亞德》與《奧德賽》兩篇荷馬史詩，也是古希臘文學中最早的史詩，影響西方文化甚鉅。豐富的故事內容，描寫特洛伊戰爭前後，亦是以人為主，並深刻探討人性。《伊利亞德》以阿伽門農、阿基里斯為男主角，女主角有海倫及一位女奴；《奧德賽》則以奧德修斯為男主角，其妻珀涅夢珀為女主角。

故事經由古希臘許多吟游詩人的一再傳唱而廣為流傳。這些事件可能發生於三千二百年前，荷馬大約在二千八百多年前整理成史詩，以傳唱的方式流傳，一直到二千六百年前開始以文字記錄下來，而在二千二百年前由學者進一步正式編訂成書。

這個傳說只流傳了二、三百年就被記錄下來，再經過四、五百年就編輯成書，並沒有口耳流傳太久。但其中人神交錯，充滿神話色彩，也就真假難辨了。

◆考古的方法以物為主

如果要證實這些傳說，就要依靠考古的證據了。

考古學主要方法是以物為主，由具體發掘出來的「物」發言，例如使用的器物或畫作、藝術品、寶石等，希望以「物」為中心，印證過去的「事」或「人」，不像依靠口耳相傳的傳說，總是以人為中心。另一個方法是地層學，根據地層堆積的層次，自上而下分隔出年代，愈下層的年代愈早，再以放射性碳定年法來檢測年代，確認發生的時間，這是最為廣泛使用與最科學的直接證據。

《荷馬史詩》內的故事就是傳說。在十九世紀前，人們並不相信三千多年前古希臘就有如此發達的文明，直到竄出一個不專業的德國考古人亨利謝里曼。謝里曼出身貧寒，但天資聰明，十二歲就當學徒開始賺錢，到了四十多歲成為大富翁，並精通十八種語言，其中包含希臘文。

一八七一年起，謝里曼自費在土耳其西北部靠近達達尼爾海峽的希薩爾利小山挖掘；經過兩年時間，投入百餘人力，最後在小山（約十七公尺高）的底層挖到一座大型建築物。之後考古學家陸續挖掘，一九八八年由二十餘國、三百多位科學家組成團隊，發掘出九個地層，據測定可追溯至四千五百年前，也證實三千五百年前的特洛伊戰爭確實發生。

所以許多古希臘傳說中的物與事都因此能確定，至於那幾位英雄與美女呢？就讓他們繼續留在美麗動人的荷馬史詩中吧！

◆中華文明中的傳說

我們簡介了希臘古文明由傳說的人、事、物，經由考古學的手段找到物與事的證據，也鮮活了《荷馬史詩》中之英雄與美女。

那麼在中華文明中的這些傳說呢？

中華民族的歷史由夏朝以後，不僅文字記載很多，考古證據也充分。例如「二里頭文化」已經可證實是夏文化遺跡，並經過近年來斷代研究而更加確立。但是其他在夏之前的傳說，也就是四千五百年以前的傳說呢？

接著我們先來整理一下這些傳說：

一、儒墨家：三皇為伏羲氏、神農氏、軒轅氏。

二、道法家：最為繁雜，管子說有七十九代之君，莊子列舉十二人古帝系統，但多有伏羲、神農、軒轅。

三、雜家：在《呂氏春秋・應同篇》中，陰陽家鄒衍首次提出五德終始學說，按五德轉移古帝系統——黃帝（土）、夏（木）、商（金）、周（火）、秦（水）。而黃帝為中土之帝，為共祖，土色黃。

四、戰國後期諸子提出有巢、燧人、伏羲、神農、黃帝。

五、在戰國時期集成的神話故事《山海經》中提到女媧為伏羲之妻，而後《淮南子》、《說文》等書皆有記錄，女媧補天、造人的故事常見於漢代石刻及圖畫。

◆古文獻三墳真假之說

而這些古文獻中最有趣的是《三墳》，或稱《三皇》，有〈山墳〉（連山）、〈氣墳〉（歸藏）、〈形墳〉（陰陽或乾坤），分別是由天皇伏羲氏、人皇神農氏及地皇軒轅氏所作，為最古老之易書。

《春秋左傳・昭公十二年》中提到：「**楚王與右尹子革語，左史倚相趨過。王曰：『是良史也，子善視之，能讀三墳五典，八索九丘。』**」。而《尚書序》稱伏羲、神農、黃帝之書，謂之《三墳》。

歷代文人多謂此書為後人所作，浙江師大汪顯超總結各方論點，認為此書是偽書，因其內容已有五行思想，而五行思想流行於漢代，故推測應為漢朝以後作品，只是假托《三墳》名號而已。而王興業所著《三墳易探微》（青島出版社）一書中則說明其非偽之證據。

筆者根據以下兩個原因傾向《三墳》為真：

一、書中只提到「五色未分」、「五姓紀」等五之數字，非五行本義及相生相剋之道。而「五」早在河圖洛書諸多數字之中，就被視為比九更為重要的數字。

二、稱黃帝為軒轅氏。在戰國末期，鄒衍以後，皆稱軒轅氏為黃帝。此書稱軒轅氏，表示至少應是戰國末期以前之作品。

我們根據以上文字記錄及傳說之演變，試著推論一些古代傳說中的「人」，與少量的「事」。

一、**伏羲氏**：另有包犧、伏戲、伏犧、炮犧……甚至盤古等名稱，分別出現在不同的文獻。伏羲氏為三皇之首，百王之先，是八卦及易經六十四卦創始者，也是西南及南方諸多少數民族之祖先神。

一九四二年在湖南長沙子彈庫附近的楚墓中出土的《楚帛書》，墓葬年代為戰國時代中、晚期。學者將《楚帛書》分為甲、乙、丙三篇，甲篇中以伏羲、女媧開天闢地的神話，描述四時的產生，是目前發現最早記載這段神話的文獻。

二、**神農氏**：教人耕種，為原始農業始祖。《史記・補三皇本紀》中提到，「**神農作蠟祭，以赭鞭鞭草木，嘗百草，始有醫藥。**」且相傳神農氏為《神農本草經》創作者，民間尊其為「藥王」、「五穀王」。

三、**黃帝**：也就是軒轅氏，《史記・五帝本紀》中記載：「**諸侯咸尊軒轅為天子，代神農氏，是為黃帝。**」相傳其命手下從事了許多「創新研發」的事情，像是造舟車、養蠶取絲、織布製衣、築屋、製陶……等，其中最有名的是倉頡造字，而《黃帝內經》是傳世的醫學經典，因此在醫藥發展上必定也十分先進。

這三個代表性人物中，伏羲是最具特別意義的。因為他與女媧是天崩地裂後，人類重新開始的「人」；伏羲其「事」是作八卦，女媧則是以石補天、以泥造人。而神農、軒轅皆可能是氏族代表，兩個氏族先後幾代均成為當時的領導人，留傳的事蹟也是好幾代成果累積而成。

此外，《三墳》還有一說是《易》、《神農本草經》、《黃帝內經》。

◆河圖洛書的推論

由於上述傳說與考古的證據，也就是「物」，很多學者都試著將賈湖文化、裴李崗文化與仰韶文化等考古遺跡，與三皇的「人」相連接。

而我們的焦點是河圖洛書產生的文化背景，也就是伏羲之前的文化背景及考古資料，希望藉以得知是在什麼樣的文明狀態之下產生了河圖洛書？

但是，距今十幾萬年至一萬年間，在黃河及長江流域中發掘的考古資料，只有單獨在高山頂上發現的幾個山頂洞人遺跡，沒有多少文化內涵，與歐洲考古資料的豐富多樣完全不同。

在歐洲所發現的遺跡中，三萬五千年前到一萬年前間的史料，幾乎都具有連續性。就像黃河與長江流域在一萬年前至三、四千年前這段歷史一樣，可以找到文字記載，整理出具有連續性的歷史軌跡。

可見黃河、長江流域的考古遺跡中斷了十幾萬年，到了賈湖文化之後，裴李崗、磁山、仰韶、龍山……二里頭，從有清晰文字記載的商、周等朝代開始，又都是密集且幾乎連續。

就文化的發展來說，很難理解為何出現十幾萬年的空白斷層。這種現象至少有兩種可能：

一、距今一萬年前時，人類才由外地遷入，在此地展開生活，因此之前沒有留下痕跡，這是個比較容易理解的狀況。

上古時代，人類的確有過大規模的遷移。就拿印地安人來說，曾經在一萬四千年至一萬二千年前這段時間，因為海平面下降，由亞洲經過白令海峽陸橋，大批遷移到北美洲。現代在美國加州發現一萬二千年前印地安小孩的遺骸，由基因定序後，確定是亞洲人。若是在一萬四千年前就遷往美洲的亞洲人，則可能往更南方遷徙，至現今南美洲的祕魯或智利等地。

二、這些考古遺跡與當時的人類，一起被一個鋪天蓋地的災難，幾乎完全消滅殆盡。

◆從文化之「物」尋找遷入的痕跡

如果中華文化於一萬年前由外地移入，我們可以由人類的遷移與文化之延續找到許多證據。

我們文化的特色是什麼？由三皇來看《三墳》是文化主要內涵。換言之，中華古文明主要內涵是伏羲及其所作的八卦與《易》，神農氏及當時開發之《神農本草經》，以及軒轅氏（黃帝）與那個世代所開發之《黃帝內經》。

這三項古代著作之形成，都顯得十分傳奇，找不到其「研究發展過程」。但凡任何一項學說，尤其是科學、醫學方面的論述，應該都有一定的發展軌跡可以追尋。

例如化學元素週期表是化學上最偉大的發現，但卻也是從十幾個元素慢慢經過幾十年、近百年的發展，才成就今日一百多個元素及同位素之週期表。而維生素也是由一個、兩個開始，經過十年、百年的研究，才逐漸了解並增加為各種維生素，例如維生素A、B、C、D，甚至維生素B群中又分為B_1、B_2、B_6……等，其種類數量在研究演進過程中逐漸成長。

而上述的三項著作（三墳）呢？

《易》在伏羲時已作，而後經過《連山易》及《歸藏易》至《周易》，後來因孔子作〈繫詞〉而流傳下來。但《周易》六十四卦是一次作出的，八卦也是同時成熟的。

《神農本草經》至今仍是中藥之主要經典。經過二千年左右，到了明朝，李時珍才做了一些補充。而李時珍的補充，是經過二千年間累積的知識才得以成就。最初的《神農本草經》像隻神龍般，不見頭亦不見尾，一下子就冒了出來，至今大家仍奉為圭臬，難以稍做修正或更改。

《黃帝內經》是中醫理論之基礎，出現至今已二千多年，仍然有許多令人不解之處。二千多年來中醫之發展，始終繞在《黃帝內經》的內涵之中打轉，而且愈轉愈小，愈轉愈多偽作加入，造成一代不如一代，這在筆者以往的諸多著作中已經提出許多證據。

如果是外來人種帶來的文化，則《易》、《神農本草經》、《黃帝內經》就該在遷入的人種或文化中找到，並且可以找到各種證據加以連繫才是。但我們細細尋覓之後，卻沒有絲毫的發現，因此必須繼續探討第二種可能性。

PART
2

古文明之追尋

《易》、《神農本草經》、《黃帝內經》

這三本上古著作，彷彿是憑空而降，

內含完整系統的數位概念、本草資料庫與經絡原理，

但卻找不到研發的過程蹤跡，真的是天降祕笈嗎？

5 三墳——中華文明中最古老的著作

古文明傳說以「人」為中心，敘述一些偉大的「事」蹟。在這些事蹟中，可能也創造了一些偉大的「物」。

就拿黃帝來說，他戰勝蚩尤，這是「事」；發明指南車，則是「物」。在那個時代也發明了衣裳、舟車、文字、音樂等。

在討論古文明留下的記事、記錄方式之前，我們先就中華文明中最古老的著作進一步探討。

在這些古籍中最古老的是《三墳》。

宋朝毛漸在《三墳．古三墳序》中提到：

《春秋・左氏傳》云：楚左史倚相能讀《三墳》、《五典》、《八索》、《九丘》。孫安國敘《書》以謂伏羲、神農、黃帝之書，謂之《三墳》，言大道也。《漢書・藝文志》錄古書為詳，而三墳之書已不載，豈此書當漢而亡歟？

毛漸又云：

《三墳》各有《傳》，《墳》乃古文，而《傳》乃隸書。觀其言簡而理暢，疑非後世之所能為也。

◆《三墳》內容概要

《三墳》一書於宋朝神宗時期，在河南泌陽被發現而重出於世。後世之人多以為這是後人偽造的，而王興業曾著書《三墳易探微》，辯解應為伏羲等三皇之作。

〈山墳〉天皇伏羲氏連山易：以君、臣、民、物、陰、陽、丘、象為八卦之名。

文中提到：

命臣「飛龍氏」造六書……，命臣「潛龍氏」作甲曆……，命「降龍氏」何率萬民；命「水龍氏」平治水土；命「火龍氏」炮治器用……天下之民號曰天皇、太昊、伏犧、有庖、「升龍氏」，本通姓氏之後也。

此處共有六隻龍，而非五隻！

其中又有篇章名為〈太古河圖代姓紀〉，亦可證明應為古籍。因五代之後，北宋以後，河圖洛書已失去光環，又怎有偽作依託河圖呢？

而後又有「**河汎時，龍馬負圖**」，似乎指出河圖系由龍馬負出，與上古傳說相符。

〈氣墳〉**人皇神農氏歸藏易**：以天、地、木、風、火、水、山、金為八卦之名。

〈形墳〉**地皇軒轅氏陰陽易**：以乾、坤、陽、陰、土、水、雨、風為八卦之名。

◆三墳的出處

我們在這邊介紹《三墳》，並不是要深入討論，而是要藉此分析《易》的演化過程。

真正令我們感興趣的是另一說的上古《三墳》，那就是《易》、《神農本草經》及《黃帝內經》。恰巧也是伏羲、神農氏與軒轅氏（黃帝）所著。

另一個注目焦點是《三墳》的出處，《春秋．左氏傳》既然說「**楚左史倚相能讀《三墳》、《五典》、《八索》、《九丘》**」，表示左史很有學問。可是這些古籍為什麼在楚國呢？當時文化的中樞應在周王室，也就是中原地方才是！

為何楚國成為文化中心？

《三墳》、《五典》、《八索》、《九丘》，不論《三墳》是否有上述兩種說法，其中《五典》即是五帝時的作品，《八索》是八卦，而《九丘》一說為職方，就是地圖，因其數由一至九，也曾傳出是河圖洛書一說。

但不論何種說法，都表示這四部大書是上古時代傳下來的寶典，而且在當時已經很少有人能讀懂。

令人不解的是，為什麼這些書在楚國，而且是楚國人在讀？分析至此，就要先來說一段歷史故事了。

◆古籍文物自周遷楚

春秋戰國時，有三件古文化中的大事。而稍做推敲，這三件事又可能歸因於同一件事。

其一為**「王子朝奔楚」**。王子朝（庶長子）與王子丐（嫡次子）爭位。王子丐於西元前五一六年復位，王子朝帶了大量周朝文物，包括青銅禮器及文物、文獻，投奔楚國。

此事《春秋・左氏傳》、《史記》中皆有記載。而這些文物包含了三皇、五帝、夏朝、商朝時的著作，所以《三墳》、《五典》、《八索》、《九丘》也就因此由周天子處搬到楚國了。

第二件大事是老子為何辭周引退，騎牛出函谷關。可能的答案是老子管理這些重要文物，因此隨王子朝奔楚。西元前五〇五年，王子朝可能因不肯交出典籍，祕藏於現今河南鎮平縣一帶的山洞中，而遭到殺害，追隨王子朝的老子也因此不得不去逃亡了。

第三件大事是《山海經》的成書。此書首成於楚國，最可能答案是由一群與老子一樣，負責管理典籍的史官，或許也包括老子，在楚國將這些古時候的傳說整理、編輯而成。

以上三件大事可以做出兩個推論：

一、《三墳》後來在河南泌陽縣出現，此地距鎮平縣不遠，因而是有可能的。

二、西元前五一六年以後，一些記載上古歷史與傳說的典籍都遺落在楚國。

◆屈原《天問》誰回答？

《天問》與《離騷》是屈原的兩部大作，一直都被當做詩來看待。其實這兩部大作仍是有些區別，《離騷》是詩，而《天問》是史詩，可以說與荷馬之史詩有異曲同工之妙。

屈原生於西元前三百四十年（有爭議），死於西元前二百七十八年，此時已是王子朝奔楚之後約一百六十年，楚國人已認識並了解上古歷史與傳說，而《山海經》原著也已問世，尚未被後世修訂者汙染。

我們不妨把屈原的《天問》當成荷馬的《奧德賽》或《伊利亞德》來仔細分析一下。

《天問》共九十五節，現存三百七十六句，一百七十問，我們只擇其要，也就是與本書有關的字句加以分析討論。

第三問「**冥昭瞢闇，誰能極之？**」

明暗不分，渾沌一片，誰能探究其根本原因？

第四問「**馮翼惟像，何以識之？**」

迷迷濛濛的這個現象，怎麼能夠將之認清呢？

這兩個問題所敘述的「明暗不分、渾沌一片、迷迷濛濛的狀態」，不就是盤古（伏羲）開天闢地及女媧補天時的情景？

中原大地是由一片迷濛之中，慢慢地才分清天地，看見日月星辰。

第十問「**八柱何當，東南何虧？**」

八根柱子撐著天空，是對著什麼方向，為什麼東南方缺損不齊？

第三十五問「**康回馮怒，墜何故以東南傾？**」

水神共工勃然大怒，東南大地為何側傾？

第十和三十五這兩問，在《淮南子》書中曾提出答案，《淮南子・天文訓》中提到：

昔者共工與顓頊爭為帝，怒而觸不周之山。天柱折，地維絕。天傾西北，故日月星辰移焉；地不滿東南，故水潦塵埃歸焉。

這個觀察後來又被收在《黃帝內經》中。《黃帝內經・素問・五常政大論》裡記載：

帝曰：「天不足西北，左寒而右涼。地不滿東南，右熱而左溫，其故何也？」

由這些討論可以理解，在塵埃落定、天地分清（第三問和第四問）之後，人們開始觀察天文地理。《天問》中的排序為第三十五問，表示經過了幾千年，大家才發現灰、塵、積水老是往東南流去，而日月星辰首先由西北方顯現。

比較這幾本著作之後，發現《黃帝內經》中有很多關於道家理論及「氣」的說法，可能是引用《淮南子》的內容。

不過，灰、塵、積水為什麼一直往東南流去？而且持續了千百年，才讓人們觀察到，記錄下來，甚至運用至醫學的理論中呢？

6 《三墳》之深入分析

讓我們來分析一下上古《三墳》——《易》、《神農本草經》、《黃帝內經》的內涵。

◆《易》

曾經過《連山易》、《歸藏易》、《陰陽易》，最後才演變為《周易》。但是在這些演變過程中，基本架構並沒有改變，都是由八卦，八乘八成為六十四卦來表現。八卦之名雖不同，但都是一些狀況的代表，是一種符碼，可以抽象化為數學符號，代表各種不同的可能。這種奇妙的數位化邏輯概念，卻是在《連山易》中就完備了，後來的演化不過是符號由X換為Y。八卦只是個抽象的符號而已，其基本含義並沒有什麼進化。

所以說，《易》一開始由二進位，提出八卦，進而導出六十四卦，並以此觀念來象徵人事、自然、生理、病理……，這種可以代表各種事物的概念，是在伏羲的《連山易》時就已經完備。歷史或傳說之中，並沒有描述如何由陰陽發展出八卦及六十四卦的過程。

◆《神農本草經》

是中醫藥，尤其是中藥的經典。其對於中藥分類分型的邏輯與《黃帝內經》相呼應，而《神農本草經》一出現就是三百六十五味藥，分析藥性、藥效的理論也是一以貫之，有如一個非常完善的大型資料庫。由後來《神農本草經》演化至《本草綱目》的過程，歷經長達近二千年的時間才完成，可以推論出，一本由原始到完整的《神農本草經》，應該至少經過四、五千年，甚至萬年的累積與整理，才能成就這樣一本完善的典籍。

我們只看到結果，看到這一本已整理好的書，找不到研發的證據，也沒有整理原則，更看不到成書的過程。長久以來，大家都只敢將它奉為「聖經」，卻常常不知其所以然，也悟不透其中真義。

◆《黃帝內經》

這部經典名叫「黃帝內經」，就已經明顯表示這不是黃帝所著，也不是源自黃帝的年代。因為當時並沒有「黃帝」的稱呼，而是稱之為軒轅氏，直到戰國時代鄒衍之後，陰陽五行開始盛行，出現五色的對應，自此之後，軒轅氏才改稱黃帝，代表是中土之帝。

《黃帝內經》是中醫最重要經典，又名列最古老的《三墳》著作之一，我們得仔細分析一下其內涵，辨別哪些是真正古老著作中的材料，哪些又是後來偽作自行補充，甚至是胡說八道的部分。

在前面討論《天問》時，曾指出《黃帝內經》中一些道家養生觀、氣的概念與《淮南子》相通。而《黃帝內經》另一個重點是五運、六氣。五運是五行之運，六氣後來引發張仲景所著《傷寒論》之六經辨證。手足厥陰結合為風氣，手足少陰結合為熱（暑）氣，手足太陰結合為濕氣，手足少陽結合之火氣，手足陽明結合之燥氣，手足太陽結合之寒氣——此六氣，即六淫之氣。

◆五行相生相剋概念始於春秋時代

五行為金、木、水、火、土，對應五臟為肝木、心火、脾土、肺金、腎水。五行學說認為，世上一切事與物，皆可由金、木、水、火、土組成，而這五個元素又有相生相剋的特性。

五行相生：木生火，火生土，土生金，金生水，水生木。

五行相剋：木克土，土克水，水克火，火克金，金克木。

五行相生可能產生於春秋時期。王引之《經義述聞・春秋名字解詁》中寫到：

秦白丙，字乙。丙，火也，剛日也；乙，木也，柔日也。名丙字乙者，取火生於木，又剛柔相濟也。

鄭石癸，字甲父。癸，水也，柔日也；甲，木也，剛日也。名癸字甲者，取木生於水，又剛柔相濟也。

楚公子壬夫，字子辛。壬，水也，剛日也；辛，金也，柔日也。名壬字辛者，取水生於金，又剛柔相濟也。

衛夏戊，字丁。戊，土也，剛日也；丁，火也，柔日也。名戊字丁者，取土生於火，又剛柔相濟也。

這個春秋時代的命名原理，強調五行要相生，剛柔要相濟，也說明春秋時期有關五行相生的理論已經成熟。

同時也對應天干，就是甲、乙、丙、丁、戊、己、庚、辛、壬、癸。也有五行每兩個為一組，分屬木、火、土、金、水。

五行相剋的說法在《逸周書・周祝解》中曾提到「**陳彼五行必有勝**」；《孫

五行	木	火	土	金	水
五方	東	南	中	西	北
五色	青	赤	黃	白	黑
五星	歲星	熒惑	鎮星	太白	辰星
五神	勾芒	祝融	后土	蓐收	玄冥
五帝	太皞	炎帝	黃帝	少皞	顓頊

▲表一

五榮 五華	爪	面	脣	毛	髮
五獸	青龍	朱雀	黃麟 螣蛇 勾陳	白虎	玄武
五畜	狗	羊	牛	雞	豬
五蟲	鱗蟲 （魚類、昆蟲類、爬蟲類）	羽蟲 （鳥類）	裸蟲 （人類）	毛蟲 （哺乳類）	介蟲 （龜、甲殼類、兩棲類）
五穀	苧麻	黍	稻	粟	菽
五果	李	杏	棗	桃	栗
五菜	韭	薤	葵	蔥	藿
五常	仁	禮	信	義	智
五經	《詩》	《禮》	《春秋》	《書》	《易》
五政	寬	明	恭	力	靜
五惡 五氣	風	熱	濕	燥	寒
五化	生	長	化	收	藏
五祀	戶	灶	霤	門	井
卦象	震	離	坤	兌	坎
成數	八	七	五	九	六
病變 五變 五動	握	憂	噦	咳	栗
病位	頸項	胸脅	脊	肩背	腰股

五行	木	火	土	金	水
五材	木	火	土	金	水
五色	青	赤	黃	白	黑
五方	東	南	中	西	北
五季	春	夏	長夏（四季）	秋	冬
五時	平旦	日中	日西	日入	夜半
五節	新年	上巳	端午	七夕	重陽
五星	木星（歲星）	火星（熒惑）	土星（鎮星）	金星（太白）	水星（辰星）
五聲	呼	笑	歌	哭	呻
五音	角	徵	宮	商	羽
五臟	肝	心	脾	肺	腎
五腑	膽	小腸	胃	大腸	膀胱
五體	筋	脈	肉	皮	骨
五志	怒	喜	思	悲	恐
五指	食指	中指	大拇指	無名指	小指
五官	目	舌	口	鼻	耳
五覺	色	觸	味	香	聲
五液	泣	汗	涎	涕	唾
五味	酸	苦	甘	辛	鹹
五臭	羶	焦	香	腥	朽
五氣	筋	血	肉	氣	骨

▲表二

子兵法・虛實篇》中則有「**故五行無常勝**」等相剋或相勝之分析。

在春秋戰國之後，秦國之《呂氏春秋・十二紀》及漢朝《淮南子・天文訓》都已有五行圖式，見表一；而後演化成萬物皆分五行，見表二。

在《黃帝內經・素問》中也有不少關於五行的敘述。例如〈陰陽應象大論〉中記載著：

天有四時五行，以生長收藏，以生寒暑燥濕風。人有五藏，化五氣，以生喜怒悲憂恐。……

東方生風，風生木，木生酸，酸生肝，肝生筋，筋生心，肝主目。其在天為玄，在人為道，在地為化。化生五味，道生智，玄生神，神在天為風，在地為木，在體為筋，在藏為肝，在色為蒼，在音為角，在聲為呼，在變動為握，在竅為目，在味為酸，在志為怒。怒傷肝，悲勝怒；風傷筋，燥勝風；酸傷筋，辛勝酸。

這裡我們要特別注意，五帝中有黃帝，也是五行之說盛行於戰國末期之後，屬土之中央君王，才被稱為黃帝。文中除將四季分屬五行外，按照五行圖式一切都按五行排列，與《呂氏春秋》的標準語法類似。

來看看《呂氏春秋・七月紀》中的一段：

其日庚辛，其帝少皞，其神蓐收，其蟲毛，其音商，律中夷則，其數九，其味辛，其臭腥，其祀門。

可以發現文中所傳達的精神也與《黃帝內經》內容非常相似。

從《黃帝內經》用了黃帝之名，就可知道是《黃帝內經》取法《呂氏春秋》，而非《呂氏春秋》取法《黃帝內經》，因此後世推論《黃帝內經》應是漢朝《淮南子》以後的作品。對於這個推論，我只有部分贊同。

《黃帝內經》究竟何時成書(註)？這個問題很難回答。依照古《三墳》的說法，

《黃帝內經》就是軒轅氏或黃帝之著作。但就其內容來看，部分似乎又受到《淮南子》及《呂氏春秋》強烈影響。

註：關於《黃帝內經》的成書時期討論，請詳見本書一五一頁，第十七篇〈新觀點再論《黃帝內經》〉。

7 中國人的祕笈情結

在學習中醫的過程中，我們總是聽著老師的話；老師又引用他老師的話；老師的老師則是引經據典，說著某某神醫的事蹟及著作。而這些事蹟或著作，又總是引用《黃帝內經》、《難經》或張仲景的理論。

我們不禁要問，在這樣的文化之下，中醫要怎麼發揚光大呢？

◆推崇古人，遵循經典

其實在中華文化中有個特別有趣的現象，就是「總是推崇古人」。在我所知的範圍中，只有兩個人曾經有挑戰古人的企圖與做法。

一是王莽，他認為秦、漢以後中國的文明一直在退步，對於中醫曾經規劃過一些實驗，像是將死刑犯的皮膚剝開，觀察穴道位置是否真的有血脈跳動。

另外一位是清朝名醫王清任，他透過觀察死人血液集中處的心得，因而研究開發出「血府逐瘀湯」等活血化瘀名方。

他們兩個是我所僅知，用直接實驗觀察的方法——一在活人，一在死人——來研究中醫藥的人。而其他的學者或中醫藥理論，總是直接在病人身上做臨床測試，將整個醫療過程寫成醫案，當做人體實驗或是教材。

在傳統直接以病人做臨床測試的中醫大系統中，由於人命關天，參與者自然不敢擅自主張，只好遵循師父或追求古方，將古時之經典奉為聖旨，不敢違背，更不敢更改。

而一些時方派的學者，並沒有王莽、王清任的實驗精神，只是在腦中想像，就想開出各種奇方、新方，也難怪經方派的人總是認為時方派膽大妄為，診斷及藥方毫無章法，沒有修為。

◆崇尚祕笈，偏愛古法

在中華民族另有一項特有文化——武俠小說，與元朝以後的小說、戲曲，如水滸傳、西遊記……，一樣受歡迎，而且更加深植人心。

這些在坊間流傳的武俠小說中，總是會出現什麼祕笈，比如「葵花寶典」、「九陰真經」、「少林易筋經」、「乾坤大挪移」……。一些武林小輩也總是在得了這些祕笈之後，武功大進，成就一代大俠；否則就是遇到哪個世外高人，將失傳已久的武功傳授給他，因而武功超群。

各位想過嗎？是什麼樣的文化背景，讓華人對祕笈、祖傳祕方……這些古老的東西，如此的崇拜，如此的著迷？

西方的文化崇尚創新，喜歡接受新的理論、新的想法、新的產品，手機、個人電腦、平板電腦、網際網路……總之，新的就是好！

而我們的文化卻是喜愛遵循古法製造的東西，如祖傳十代的工法、流傳百年的祕技大公開、御醫為皇帝開立的處方………就是舊的好！當然，你也可以說是註冊商標，大家都認為字號是老的好。

◆老字號好在哪？

會認為古老的東西比較好，其中可能有幾個深層的意義：

一、**老字號代表信用保證**

騙子太多，很難查證，只好靠老字號，做了幾十代的商家，代表貨真價實、童叟無欺。

二、**文化退步造成崇古心態**

更深層的意義是文化一直在退步，造成對古文明的憧憬。過去王莽就認為不如一切回到古制，而魏晉時的士子更想回去做葛天氏之民、無懷氏之民（葛天氏、無懷氏都是相傳在三皇五帝之前的氏族）。

甚至國父孫中山在《建國方略》中也提到：「**中國由草昧初開之世以至於今，可分為兩個時期：周以前為一進步時期，周以後為一退步時期。**」

三、中國特有之歷史造成文化遺失

首先是秦始皇焚書坑儒，使得許多古籍從此消失，只剩幾本孤本、殘本被有心人暗藏。後來重見天日，擁有孤本、殘本的人就成了知識暴發戶，只有他知道這些古人知識之總匯。

「孔壁古文」就是著名的例子。西漢武帝時，魯恭王拆毀孔子居所，於牆壁中發掘出《尚書》、《禮記》、《論說》等書冊，之後孔子後代孔安國重新整理所獲得的《尚書》篇章，做書傳、訂篇目，成為古文《尚書》。這種例子在秦始皇以後發生過很多次。

而皇室喜愛收集古籍文物，當做鎮國之寶，也是其中的原因。在周王子朝奔楚的例子中最為鮮明。王子朝將文物、古籍帶走，以證明自己的正統，就像玉璽一樣，而後這些文物就流落在不同之收藏家手中。

所以歷史上每每可見改朝換代時，以及外族入侵之際，都會使古籍、文物遭受浩劫。例如周幽王時，犬戎攻入皇城，河圖洛書因而流失，其他跟著流失的文物一定更多，只是沒有河圖洛書這麼有名。而項羽火燒阿房宮，一些珍貴史料及文物也因此流失。就拿近代記憶最新的八國聯軍來說，聯軍入侵北京燒殺擄掠之後，圓明園的古籍文物不是失蹤，就是被燒毀。中國至今改朝換代多少次，也為文物流散各地提供了最佳機會。

此外，王公貴人也喜愛收集文物做為陪葬品。例如，證明河圖洛書存在之古占盤，後由古墓出土；《竹書紀年》也是由盜墓者從遺址找出來的。王羲之〈蘭庭集序〉原跡就被唐太宗收在墓裡……。這些文物一旦被盜墓者取得，則一定是奇書、知識寶庫，因為都是經過精選的珍品。

一些珍本透過祕傳方式留給後世，例如傳媳不傳女、只傳有緣之人；一些珍貴的學問，如金篆玉函（請參看《河圖洛書新解》）、祖傳祕方……。

文獻一再流失，又一再發現的過程，到了隋唐時代拓石刻印技術成熟，可以大量印刷後才有所改善。而自宋朝以後，有了活字印刷術，文獻大量流失與偽造的問題就不再發生了。

8 如何辨別古老著作之真偽

在研究中醫的過程中，我們一直遇到「偽作」的難題。這些作品加油添醋，假托原著之盛名，大放自己的厥辭。

◆我們要如何分辨真偽呢？

先不要說偽作、假托之辭，就拿正式的註解來說，也讓人十分困擾。例如一部《傷寒論》，就經過一註、再註、三註，而註又有註，註之註又有人再註，於是一句原文可能有十餘或幾十個註，更可怕的是這些註解還會互相矛盾。學習中醫的人還真是辛苦！

在經過三十餘年的中醫研究之後，筆者今天能有點一致性的成果，一部分歸功於選擇了血液循環生理學做為入手的門戶，也就是氣的本質。這點在過去幾本著作都已有所說明。

另一個要點是在**選擇古籍時堅持一個原則——「只相信各朝代文獻中相同的部分」**。

這個選擇省去了我們非常多的時間，不必再埋首於浩瀚的古文獻堆中，成為歧路亡羊，無所適從。

此方式將「相同的部分」視為真，其實是具有邏輯性的。如果一件事經過一次又一次的敘述，在經由許多不同管道轉述之後，一定會有許多變化而失真。但是出現最多次又相同的轉述，是原意的機率最大。

而醫學是自然科學，是人體科學，每一個轉述過程還要經過轉述者的思考及個人的驗證，使得「相同部分」可信度就更高了，因為已經過最多次的驗證。

何況如果是作偽、作假的人，常有「語不驚人誓不休」或「唯恐天下不亂」的心態，自己書看不懂還不打緊，還經常要加些遁詞、贅詞……來掩飾自己的無知與心虛，自然就可判斷是偽書。

◆回顧「三墳」

有了上述的原則，我們再回頭來看這三本中華文化中最古老的著作。

一、《易》：不論是伏羲的《連山易》、神農氏的《歸藏易》，或者是軒轅氏的《陰陽易》，以及周文王演的《周易》，基本架構都是由八卦（雖然八卦所用之名稱不同），進而發展出六十四卦。其中《周易》對六十四卦做了最多的說明，而孔子又作了〈繫辭〉。

嚴格來說，《易》之本體沒有改變，只是解說做得更詳盡、更全面，而且《周易》之後，不再有新的增添。

因此，《易》是有一致性的，是一本可信的古籍。

二、《神農本草經》：這本書作者也有許多說法。可貴的是，由明、清流傳的五、六種輯本綜合來看，其內容已漸趨一致。最早的說法可由《神農本草經》序文看出一些端倪。

鄭康成之《周禮注》已有《神農本草經》基本精神，以後的《漢書》、《隋志》也都有記載。

其主要內容說明一些可以入藥的草、木、蟲、石、穀的生長特徵與藥性，如藥分別入五臟、六腑、九竅之作用，已有溫熱、寒涼之分，也有五味之辨，可以說是奠定了中藥之基礎。

如果由《傷寒論》成書時間來分析，在張仲景之藥方中，已能純熟的應用各種單味中藥，可見《神農本草經》的許多內容，應遠在東漢之前，也許是商朝伊尹或春秋戰國時的扁鵲之前就已經存在。否則沒有單味之藥性，伊尹(註)、扁鵲怎能開出方子來為人治病呢？

《神農本草經》內容幾經輾轉，仍未有重大改變，而到了明朝李時珍著《本草綱目》，由書名可知，是與《神農本草經》一脈相傳，擴大推廣之著作。所以**《神農本草經》雖然不一定是神農氏所著，但其真實性很高，而且應是很古老的著作或由很古老的文化傳承下來。**

三、**《黃帝內經》**：看書名就知道，這本書的命名是在戰國時期鄒衍之後，而仔細推敲內容，甚至有可能是《呂氏春秋》、《淮南子》成書後的作品。因為鄒衍之後，軒轅氏才開始被稱之為「黃帝」，而五運六氣的說法是《呂氏春秋》中的主要內容，加上《淮南子》的道家陰陽、養生理論也貫穿在《黃帝內經》書中。

由這個觀察，我們就能斷定，《黃帝內經》是《淮南子》、《呂氏春秋》以後的作品嗎？

其實也不然。《黃帝內經》不是一個人完成的，也不是一個朝代完成的。不像《論語》所記錄的內容，雖然不是孔子一個人的思想，但卻是敘述孔子認為優良的思想，由其弟子在孔子教學的當時就記錄下來。

依我的看法，**《黃帝內經》是一部經過很長久的時間，並經由很多人加工而完成的著作。**

如果仔細看《黃帝內經》的語法，會發現前後不一，句子構造忽然改變，書寫方式也各有不同。

在在表示它是經過許多人，於不同的年代，不斷地補充、胡說亂扯之後，才成形的。這個不斷補充、擴大內容的過程，一直到唐朝王冰時才停了下來，成為今天我們讀的《黃帝內經》。

如果用這個角度來看《黃帝內經》，那麼其中內容就得一段一段的審視了。

在此只談一些我們認為「沒有重大改變」的部分。

第一、**陰陽學說是從一而終，沒有什麼變化。**

第二、十二**經絡不僅在《黃帝內經》中沒有變化，在其後所有中醫書籍、針灸文獻亦始終如一。**

嚴格說來，《黃帝內經》只有這兩個部分是一致、沒有改變的，由於也沒有演化或發現的過程，可以肯定是很古老的理論，而且成形年代非常久遠。

其他如五行相生相剋，一定是春秋以後才加進去的，而五運六氣則是《呂氏春秋》問世以後才添入，這部分就都不是古老的文獻。因為我們不但可以追尋其來源及發展過程，也可明確知道那是未經什麼偉大的實驗，或長期觀察生理現象所得到的心得，僅只是一些想法、推論，想要自圓其說的自說自話。

◆未經研發，突然現世的知識

經過以上的討論，我們已經能分辨哪些知識是源自古早而沒有研發過程的，其分別為：

一、河圖洛書。

二、《易》，尤其是《連山易》。

三、《神農本草經》。

四、《黃帝內經》中陰陽學說與十二經絡部分。

註：伊尹，名摯。年少時身分低賤，精通廚藝與中藥食療，被尊為中華餐飲業始祖。他利用飲食之道，對商湯分析天下局勢與治國之道，獲得賞識與拔擢，後助商湯推翻夏朝，建立商朝典章制度，發展中醫藥與絲織等產業。

PART
3

水落石出

上古時代，曾經山崩地裂，

大火蔓延不熄，洪水氾濫不止……

傳說中的情景，原來是隕石衝擊地面?!

當太湖被證實為隕石坑時，

很多事情不言而喻，真相也就大白了。

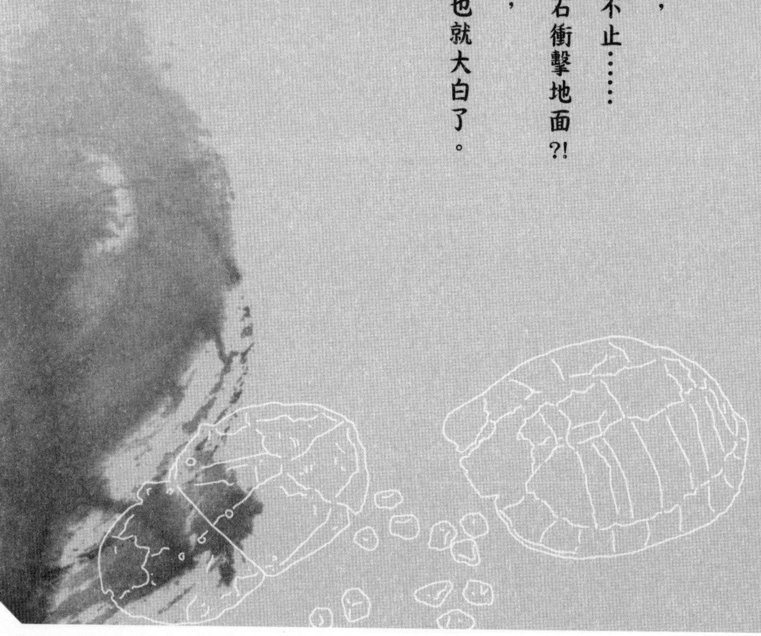

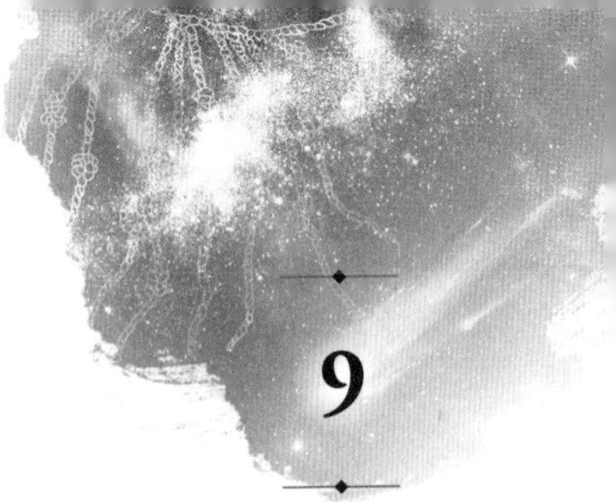

9 天外飛石衝擊事件

前面討論過華中、華北地區的考古遺跡，在九千多年以前幾乎是空白的，而歐、美、日、台灣、海南島地區發掘的考古遺跡，卻都連續沒有中斷。

◆文化斷層之因

什麼事件造成這個地區當時的文化與考古遺跡大斷層？

上述河圖洛書、《易》、《神農本草經》、《黃帝內經》，四個文化上的重大成就，都無法找到過去開發的過程。

而中華文化又有懷古、崇尚祕笈，而且逐漸退化的情形。這些文化上的特徵，要怎麼理解？這表示遠古時期有個文化輝煌的時代？有證據嗎？還是外星人帶來這些文化？有證據嗎？

在各種傳說與史料中搜尋一萬年以前的大災難，談得最多的是大洪水，大部分的地區與種族都有大洪水的傳說，原因應該是史前時代曾經因冰河的快速消退而造成大洪水。

但是大洪水並不至於消滅所有的考古遺跡，或造成天昏地暗長達多年之久。（《天問》之第三問及第四問）

更不會造成地面上的不平，也就是有個大洞，經過雨水、河水、砂石，填了千年仍填不滿。（《天問》之第三十五問）

由《天問》、《淮南子》等書中描述，這個大洞一直存在，幾千年來都在那裡，這是多大的洞啊？為何古人沒有記載原因，發生了什麼事？

另一個更大的問題是，中華文明真的從盤古開天闢地開始嗎？那麼前述四項非常先進的知識是從哪裡來的？

◆太湖是隕石衝撞而成

二〇一二年五月二十八日，在揚子晚報網有一則報導，標題為——「南大天文系教授『揭祕』太湖是隕石『砸』出來的」。

其內容摘要如下：

太湖古代又被稱為「震澤」，它的成因一直是個謎。近幾年來，「太湖是隕石衝擊坑」的假說得到不少關注，但一直難以證實。二〇〇三年十月，太湖周邊湖泊開始了排水清淤工程，當地隕石愛好者王金來和王家超在石湖沉積的淤泥中，發現了一些含鐵質的石棍、帶孔似煉鐵的爐渣，還有一些形狀似人或動物的石頭，他們懷疑是隕石。

而南京大學天文系李旻教授做了一份〈二〇一二背後的天文學〉報告。據他介紹，大概在一萬年前左右，太湖由一個體積巨大的「天外來客」衝擊形成……

翌年二月二十五日，蘇州廣播電視報的一則報導標題指出：

太湖是由一個爆炸威力相當於一千萬顆廣島原子彈的隕石撞擊而成。

報導內容大意為：

位於蘇州的太湖，自古就是孕育吳越之處，但有兩個香港、四個新加坡、四百個西湖大的太湖水域，是如何形成的呢？因為在一萬年前，現今蘇州附近曾經遭受隕石衝擊，當時古人類依靠此地山嶺上的石灰岩溶洞遮風避雨，隕石打下後形成了太湖。

我們把各處的新聞綜合起來，將整個事件稍微做一介紹。

這個發現是由南京大學地球科學系隕石專家王鶴年、謝志東、錢漢東組成之課題組分析鑑定的，在太湖的沉積物中發現各種奇石與石棍，保留了明顯的衝擊濺射特徵。太湖衝擊坑的形成，估計應在約一萬年前，因為這些濺射物分布在湖底較硬的黃土層之上，而這些黃土層有一萬至二萬年歷史。

當時砸下的隕石應有一至二公里大小，威力相

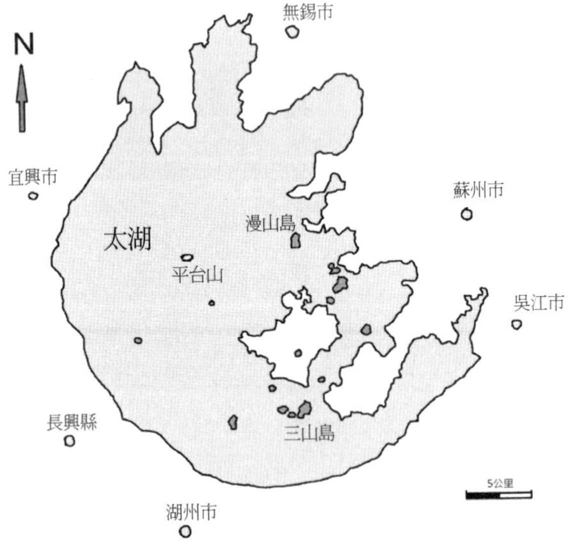

▲自古孕育吳越的太湖，面積有四百個西湖、兩個香港、四個新加坡大。可見當時砸下的隕石不小，造成的災害範圍可能也非常大。

當於一千萬顆投在廣島的原子彈，計算這個隕石坑直徑可能約有五百公里。

這些太湖中的小島，如三山島、漫山島、蕨山島、平台山島，上面都有大量鐵疙瘩和鐵質管狀物的奇石，應為隕石。

◆隕石打出太湖對中原地區有何影響

太湖地區在一萬年前是否有文化、文明，現在已無法探究。但隕石的衝擊對於大氣的影響為何？我們可以簡單計算一下，想像當時的毀滅狀態。

如果五百公里直徑的大坑，氣化深度達到一百公尺，這是什麼樣的光景？這就是隕石落在陸地後的第一個反應。這是 $\pi \times 250 \times 250 \times 0.1 = 20000$ 立方公里的塵土、樹木、砂石、泥土、水、人、動物全都成了氣體，充滿整個大氣。

這豈不就是《天問》第三問與第四問所描寫的「**昏昏暗暗，迷迷濛濛**」？而散落各地的隕石碎片，又在沒有被直接氣化的各地區引起大火。隕石坑的最深處，可能已觸及地下岩漿，引起火山爆發。

迷漫大氣間的灰塵氣體，遮天蔽日，造成氣候大變化，引發大雨、酸雨、毒雨；而地形、地貌的改變，也引發了大洪水。

如果要以一句成語來描寫這個區域，在隕石擊出太湖之後的情形，那就是——「水深火熱」。

◆正是女媧補天與盤古開天地的場景

這與女媧補天的背景是否十分相似？

《淮南子・覽冥訓》、《列子・湯問》、《山海經》上均有相關記載。《史記》中也有水神共工與火神祝融交戰，共工被祝融打敗，因而撞倒了世界支柱不周山，造成天之塌陷……。

其中《淮南子》有云：「**往古之時，四極廢，九州裂；天不兼覆，地不周載；**

火爁炎而不滅，水浩洋而不息。」生動描寫當時山崩地裂，大火蔓延不熄，洪水氾濫不止的情景。因此，清琅琊人王隕在《天外來客——隕石收藏錄》一文中提到：「**盤古開天闢地，日月星辰各司其職，四海一統，其樂融融。不意太陽爆，隕石降，竟至石破天驚，『四極廢，九州裂』，民不聊生者也。幸得女媧補天於高山之巔……。**」

此外，《淮南子‧覽冥訓》中還有一段描述，正是女媧補天的故事：

於是女媧煉五色石以補蒼天，
斷鼇足以立四極，殺黑龍以濟冀州，積蘆灰以止淫水。
蒼天補，四極正；淫水涸，冀州平；狡蟲死，顓民生。

女媧是傳說中的上古女神，像是世界之母般，《山海經‧大荒西經》有一段寫到：「**有神十人，名曰女媧之腸，化為神。**」描述女媧以她的腸，化作十位神人。

而在《天問》中亦有「**女媧有體，孰制匠之**」一問，表示屈原也看到《山海經》中有關女媧的記載。此點與《山海經》可能出自楚人之手是相符的。

如果把這些傳說與一萬年前隕石砸出太湖事件連結，那麼真實的上古史輪廓就比較鮮活了。

這個一萬年前墜落的隕石，造成華中、華北地區（也就是當時的文化中心）天昏地暗、山崩地裂、大火蔓延、洪水氾濫，野獸與人皆大量死亡；而生存下來的伏羲與女媧，就成了這個大災難之後，極少數存活者之代表人物。

女媧可能是帶了一群小孩，躲進高山洞穴之中，逃過一劫，並在山洞中生活了一段不短的時間。其中女媧以泥造人的傳說，可能是在另一個山頭上的存活者，看到女媧帶著一群全身是泥漿的小孩，所做下的記錄。

至於女媧補天是怎麼來的？

有可能是這群孩子看到女媧燒了一些磚頭、瓦片，修補山洞的巨大缺損時，而存在的記憶。

◆地不滿於東南，天傾西北

那麼在《天問》、《淮南子》，甚至《黃帝內經》都記載的「**地不滿東南，故水潦塵埃歸焉**」，又該怎麼解釋呢？

線索其實很好找，只要拿出地圖，看看太湖的位置，是不是在華中與華北地區的東南方。當隕石在東南方砸出一個五百公里直徑的大坑後，總要填充個千百年，才能達到比較穩定的狀態。這也難怪上古時候的人，總是看著水潦、塵埃，不斷的向東南流去，而始終填不滿這個大坑。

如此，「**天傾西北，故日月星辰移焉**」，也就不難理解了。

因為隕石氣化的地球表面物質，是由東南方向產生，不斷向四方散去。經過大風、暴雨，各種氣候變遷，這些塵霧逐漸散去，日月星辰也就慢慢顯現出來。而由於塵霧是由東南產生，所以西北邊的黑霧會先散去，日月星辰就從西北方顯現。不明就裡的古人，就以為日月星辰跑到西北方去了。

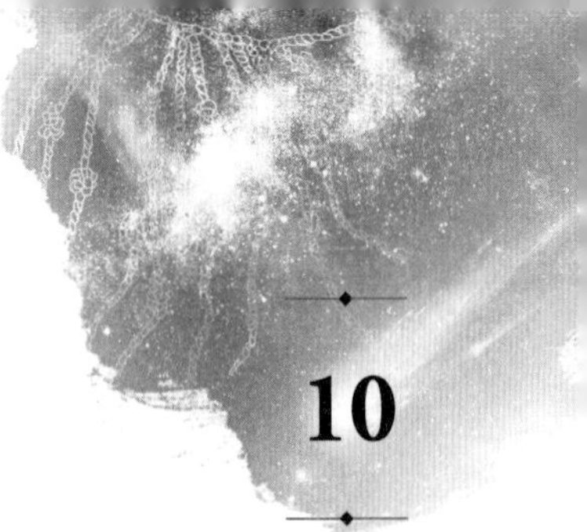

10 繩結裡隱藏的玄機

在前述的探討中，我們知道華中、華北地區在一萬年之前的考古證據，也就是「物」的部分，似乎已無可追尋。既然「物」已毀損，在尚未能找到更多「物」的直接證據之前，我們可以由文化的演化或變遷入手，來找些蛛絲馬跡。

◆結繩記事

在中國古老文化中，結繩記事的紀錄方式，或許可以提供我們分析古文化的來龍去脈。

《周易・繫辭下》提到：「**上古結繩而治，後世聖人易之以書契。**」而孔穎達《周易正義》引述漢鄭玄於《周易注》中所云：「**事大大結其繩，事小小結其繩，義或然也。**」這兩段古籍之記載是有矛盾的。

《周易・繫辭下》認為，結繩主要做為合同、合約或證據，是有其含義的。而鄭玄的註解則認為，結繩之內涵不過是大事大結，小事小結，如果有其含義也不過是偶有發生而已。由於無法找到共通點，若要追尋結繩記事的真正內涵，就讓我們往全世界的文明之中，去找進一步的證據。

在中國，發明鑽木取火的燧人氏，還發明了結繩記事，在沒有文字的史前時代，人類依靠「結」來記錄事件。而南美洲的古印加人也用結繩的方

▲祕魯曾經發行一款郵票，以紀念結繩記事的獨特歷史文明，從郵票上可以看出繩結並非只是單純的結，而是有其意義。

法來記事，稱為奇普（Quipu or Khipu）。

結繩記事法不僅在一條主繩上打不同大小、形狀的結，也可在這一條主繩下方再加上一條繩子、二條繩子、三條繩子……。這些外加的繩子，又可以有各種大大小小的結，變成一個非常複雜的結構。奇普在祕魯也發展出用不同顏色的繩子來表達更豐富的內涵。

◆繩結是編碼的呈現

讓我們分析一下，這種精細的結繩方法，到底攜帶了多少信息。由編碼學的角度來看結繩，不論是大事結大繩結、小事結小繩結的最原始記事方式，或是有更高深的編碼邏輯，結繩都是一種編碼。只是究竟結繩能有多少資訊的內涵？這是我們要認真思考的。

我們知道摩斯電碼(註)，以長短音為基礎，一次用三個為一組，可以代表A、

B、C、D二十六個字母，更進而表達整個句子。其實在近代電腦科學，也是用○與一，與八卦一樣，同樣是可以表達句子，更進步的表達圖案、方程式……，成就了今日所有的手機、平板電腦、個人電腦等資訊產品的蓬勃發展，已成為二十一世紀最重要的進步動力。

此外，所有生物學的遺傳基因基礎碼，也只是A、T、C、G四個而已。在生物學，我們只教導每三個碼為一單位，可決定一種氨基酸，再由三個碼的順序，安排氨基酸的順序，因而可以由一串基因決定是哪一種蛋白質。

而這個由基因碼轉換為蛋白質的過程，其間要經過好多RNA及酵素的幫忙才能成功。所以一個碼究竟是什麼含義，是需要翻譯機構將這些編碼變成我們能理解的意義。

在祕魯，這些結繩被串成一長條，就成了一本書。可以是記帳本，可以是歷史，可以是故事，有各色各樣的內容，這與春秋戰國時代，書是寫在竹簡之上，體積龐大，一本書就能裝滿半牛車類似。孔子由魯國出走時，帶了好幾牛車的書，總量恐怕也沒有十來本。由此看來，祕魯的結繩記錄法則還省些空間，一捆繩子就是一本書了。而今，祕魯仍保有整屋的繩子，卻已沒有人能「讀」了。

◆祕魯人如何喪失解讀結繩的能力

在原始文明中能識字的是智者。就拿我國少數民族納西人為例，認識其古文字「東巴」的人都是貴族，在今日三十多萬人口中，也只有百來人，古時一定更少。這百來人被稱為「東巴」，也就是智者。

祕魯也是相同的情況。本來就只有少數「智者」，會解讀由結繩記事留下來的文獻，而在西班牙人入侵殖民之後，把所有的「智者」都殺光了，這也是西方文化的標準行為。

雖然祕魯人後來開創用不同顏色的繩子來記事，使結繩可容納的資訊量大為增加，但現在卻空留下大堆繩子，再也沒有人能理解這些繩結中所內含的歷史、文化……等各種豐富的資料。

這個結繩記事的重大意義，不論在文化上、文明上、實用上的內涵，連孔子都沒有參透，以後的學者就更無法理解了。

註：摩斯電碼，由美國人薩穆爾摩斯於一八三六年發明，利用訊號的「斷」、「通」表現五種代碼——點、畫、點畫間的短停頓、字間的中等停頓與句子間的長停頓，是一種數位化通訊方式。

11 結繩記事與數位編碼

讓我們用現代的知識來分析一下結繩記事。

現代的編碼有兩大類：

一、**數位編碼**：前一篇提到的摩斯電碼、電腦〇與一的編碼，以及遺傳基因編碼都屬於數位的，這種編碼的能力強，編寫限制少，但是與我們的感覺離得很遠。

二、**類比編碼**：一些圖畫、象形文字、文字等，大多是類比編碼。連我們常使用的數字，也是類比的。

以往的電視信號是調幅方式，所以也是類比的；近日改成調頻，調頻是一個數位化的信號，不易受到雜訊干擾。因為每個頻率，例如十就是振動十次，要把振動變成九次或十一次是很難的，每次振動的振幅雖然容易變動，但即使每次振動信號都少了九成、八成……，我們仍能判斷其為一次振動，不會因振幅稍有變動，就將振動十次誤判為九次或十一次。然而，調幅的信號就不一樣了。距離稍遠，風吹草動，或者遇到地形地物的障礙，都會改變振幅的大小，而任一振動之振幅一變，信號也就跟著變了。

現代的電子用品，為了不要失真，所以都使用數位編碼，由科學的角度來看，數位邏輯是更進步、更有效的。

但是為什麼以往的文字或電子用品仍用類比的信號或編碼呢？

這是因為象形文字和圖案，我們每天所看到的事物，這些都是類比的編碼，不需要翻譯或解碼，就能由直觀或直覺去了解，與我們的知覺是相近的，在使用上不需要強而有力的解碼器。

近代數位編碼的進步，伴隨著資訊科技的發達。由於資訊科技之突飛猛進，幾乎所有的編碼都進入數位化。

Hetu Luoshu

▲圖一：將大家看得懂的類比符號文字「Hetu Luoshu」，經過編碼後成為一維條碼，這種數位的符號一般人無法看懂，以解碼器掃視條碼就會顯現意義。

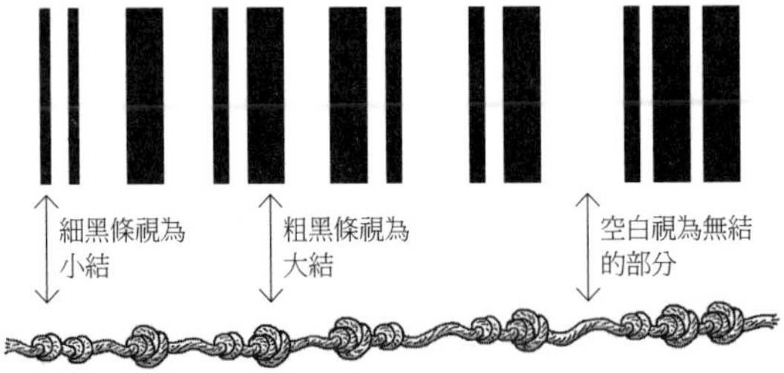
細黑條視為小結
粗黑條視為大結
空白視為無結的部分

▲圖二：上圖是以一維條碼元素呈現的編碼模式，下圖是以一條繩子呈現的記事繩結，對照可發現一條繩子的繩結就是一維條碼的概念。

▲圖三：QR Code與多條繩子組成的繩結，異曲同工，都是一種編碼的呈現。

◆現代條碼與繩結型態相同

我們每天買東西時，每個產品標籤上不再是3857號87元的數字，這些類比的

編碼被一維條碼（barcode）所取代。大約在二十年前，幾乎所有數字的編號，都被一維條碼所取代。（見圖一）

圖二將一維條碼中的粗黑條視為大結，細黑條視為小結，空白與結繩未打結的部分一樣。如此來看，一條繩子結出的繩結就是一維條碼，那麼多條繩子呢？

要解讀由多條繩子所組成的繩結，可以對應二維條碼，以最常見的QR Code（Quick Response Code）來比較，是不是也很像呢（圖三）？無論是結繩記事或條碼，我們都是無法第一時間理解的，要經過解碼與判讀，才能明瞭其意義。

◆算盤與結繩記事

算盤或珠算在中華文化中是何時開始的？

據說算盤是孔子的夫人發明的，當年孔子做魯國司庫時，由於不善整理庫存，總是新的、舊的參雜在一起，弄得亂七八糟，孔夫人就教他用繩子把珠子串起來，當做記數的工具。雖然這是傳說，但是由結繩來看，卻是有跡可尋。如果把繩結結成如圖四的樣子，算盤也就呼之欲出了。

而圖五與圖六是兩種不同的算盤，又有何不同呢？圖五上有二顆珠，下有五顆珠，上珠一顆代表五，上二顆，下五顆，就是十五。這是用在十六進位的，一斤

▲圖四：這樣的繩結模式類似算盤的樣子。

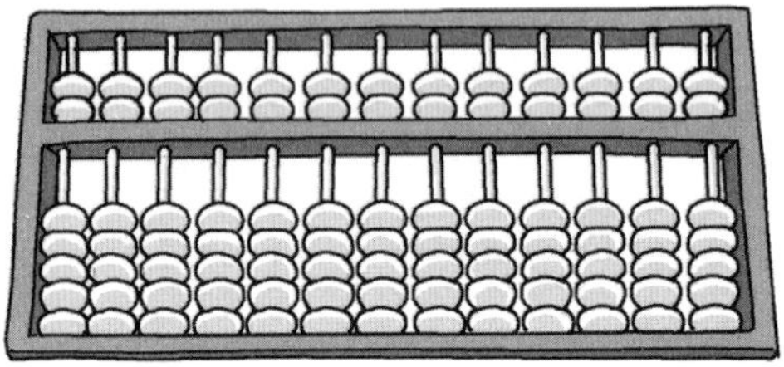

▲圖五：上二珠，下五珠，稱之「二五珠算盤」，用於十六進位計算。

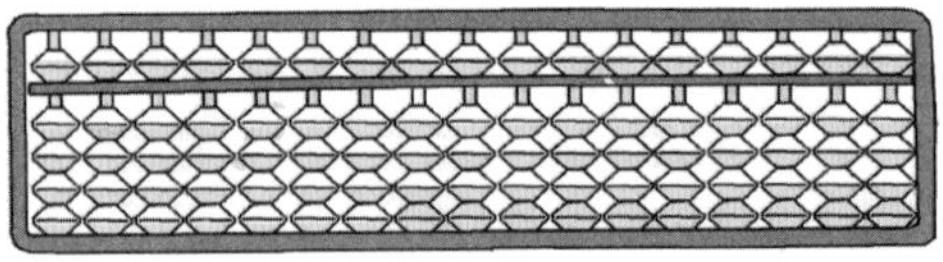

▲圖六：上一珠，下四珠，稱之「一四珠算盤」，用於十進位計算。

十六兩用剛好，也有人稱之為「斤兩算盤」；圖六就是目前最通用的算盤，是十進位的。

算盤也是一種數位的編碼，應用起來一定要有一些解碼的要訣與方法。珠算術在明朝就非常發達了，嘉靖年間王文素著《算學寶鑒》；萬歷年間數學家程大位編撰《算法統宗》、《算法纂要》，綜合了當時珠算術的各種心法、口訣……。

到了今日，一些教心算的，可以在心中有一把算盤，教你用珠算的心法、口訣來做心算，一樣是出神入化。甚至早期還曾數次打敗計算機！

我們討論這麼多關於珠算的事，就是要讓大家有些概念，這幾顆簡單的珠子，在有秩序的安排、有口訣的運作之下，可以具備一個中級電腦的功能。

◆結繩可成書

在祕魯，結繩可以寫成一本書、做成各式各樣的記錄，而在加入有顏色的繩子後，就變成三維條碼了。

像珠算一樣，結繩記事也有心法、口訣，必須對它們有所了解，才能把這些看似毫無章法的繩結，逐個解讀出來。

結繩記事，世上只有兩個地區曾經使用過。

一、華中、華北地區的中華古文明。

二、祕魯，一直使用到西班牙人入侵，殺光會解讀結繩的智者。

這兩個結繩文明會有連結嗎？

12 馬雅文化與中華古文明的相同之處

馬雅文化雖然是相當於新石器時代，但其天文學、數學、農業、藝術、文字，與其他新石器時代文明相比是非常的先進。

來自外星人的智慧

而在南美洲安地斯山一帶的印加帝國（現今祕魯一帶），更留下了馬丘比丘（Machu Picchu）這個古城，供我們讚嘆其建築工藝、水利工程、農業之進步與精妙。每次有電視節目介紹馬丘比丘的遺跡，總會說到「這是外太空帶來的知識」、

「是外星人的智慧」。

馬雅人喜歡玉，有龍的圖騰，很會治水，很會切割及搬運石頭。馬雅文字的規則與早期漢字一樣，是以象形加形聲來表達。馬雅計數，以點（•）為一，以橫槓一為五，以五與一為單位，與中國算盤規則一樣。

馬雅人的天文學非常發達，這一點也與上古中華文化一樣。所有建築皆與天文事件相關。例如三六五日、春分、秋分、夏至、冬至，與上古中華地區占盤頗為相似。使用太陽曆，也用陰曆（月亮），只有年、月、日，沒有以七天為週期的一星期。（七天之週期為聖經所提倡）

再加上印加（祕魯）的結繩記事。你的感覺是什麼？

◆兩個文化的關連性

依照現代遺傳基因之比對，印地安人（包含馬雅人）應是亞洲的蒙古種，這與中華地區的人種是一致的。

在一萬四千多年前，海平面曾經下降約一百公尺，使得連結亞洲與美洲的白令海峽可以通行，成為亞、美兩洲的天然通道。於是動物會由亞洲跑到美洲，而以這些動物為食物的獵人們，也就跟著跑到美洲了。

這個過程大約經過二千年，到了一萬二千年前，也就是大洪水的來臨，海水又漲了一百多公尺，不僅到處受到洪水肆虐，白令海峽又再度成為海峽，而亞、

▲亞洲人經由白令海峽遷移至美洲路線示意圖

美兩洲也從此分離。

馬雅人沒有形成人口集中的大都市，最大城蒂卡爾曾住有十萬人左右，其他百餘城市則多為幾千人的集中地。

由人類遷移的習慣，愈早從亞洲進入美洲的人，會繼續向沒有人煙的南美洲遷移，可以推論印加文化，也就是現在的祕魯，可能是一萬四千年以前，第一批由亞洲進入美洲的蒙古人種。由此看來，印加文化可以說是一萬三千、四千年前華中地區部分文化的精簡版。

◆為什麼說是精簡版呢？

當你去打獵、去旅行時，不會帶著所有家當，一定是輕裝簡行，一群人追著獵物，走進不知名的新地方。而當你找不到回家的路，就只好一路向前，來到美洲這個新大陸。

或是他們看到長毛象、鹿等動物往美洲奔去，於是組成狩獵隊追蹤這群獵物，因此逐步遷居到美洲來了。

透過馬雅文化，我們可以看到一萬四千年前華中、華北地區的文明狀態，留在印加帝國的祕魯。而之後一千多年的文化，可能縮影在墨西哥南部尤卜坦半島一帶的馬雅文化之中。

由這個觀點來看，可以衍生出兩點感想：

一、中華文明在一萬年前被隕石擊毀之後，連同一萬年前至十餘萬年前的考古遺跡也一同化為灰燼。但我們仍可能由馬雅文化中找到一些影子，映射出一萬二千年至一萬四千年前，部分中華文明的精簡版縮影。

二、馬雅文化中一些高深莫測、沒來由的高度智慧，也有了可能的出處，我們不必再用「外星人」、「外太空文明」來做為推託之詞。

13 中華文化中其他的數位表現

除了結繩記事與算盤外，在中華文化中還可以找到其他的數位記號，例如器具上的紋飾，尤其是乳丁紋。

當筆者看到河圖洛書以點（•）的方式來表達，記錄其一至九之數字，就猜想古文明中應該有以•為記事的方式。

其實這個以•（乳丁紋）為符號的記錄方式，與結繩記事是同樣的原理。這些點（•），不像LV包包，有高度規則性。在LV包包上，這些點只是裝飾圖案；而在青銅器年代，商代中期（西元前一五九〇至一三〇〇年）所鑄造的「獸面乳丁紋銅方鼎」（見圖一），就已是規則的•（乳丁紋）了。而在後來的朝代中，也多次出現規則乳丁紋裝飾的用具。乳丁紋在其他地區的古文明中並沒有出現。

在裴李崗文化出土的陶鼎（八千年以前製作），其乳丁紋是不規則的（見圖二）。這個不規則的乳丁紋，與河圖洛書之記錄原理似乎是相通的，是以「乳丁的形式來表達或儲存信息」。這是以一個平面做信號儲存的方式，也是二維條碼的思維。

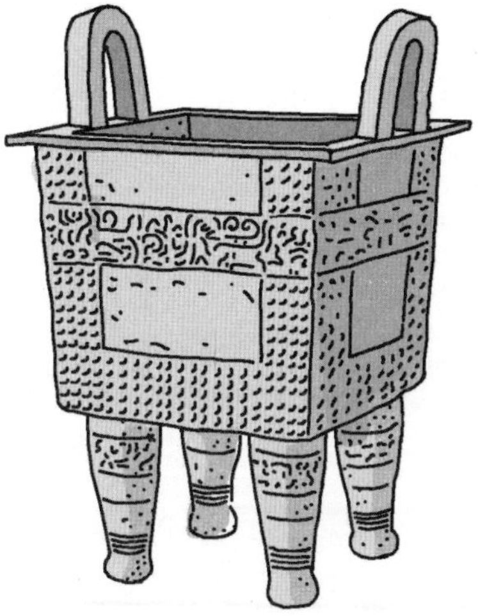

▲圖一：獸面乳丁紋銅方鼎為商代的大型重器，每面兩側與下部以乳丁紋裝飾，這些乳丁紋的排列是固定有規則的。

▲圖二：裴李崗文化出土的陶鼎，其乳丁紋是不規則的，與河圖洛書般是有意義的排列。

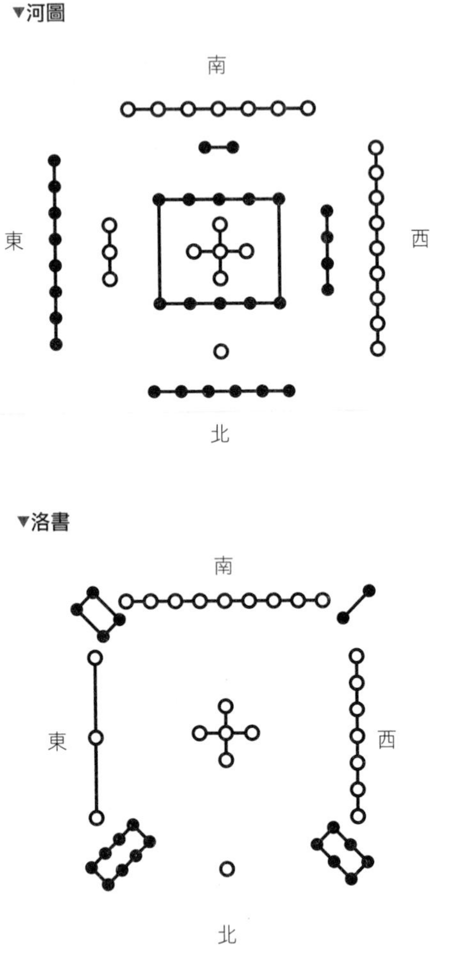

▲圖三：河圖洛書是以・呈現訊息。詳細說明請參考《河圖洛書新解》一書。

這種乳丁紋結構與繩紋一樣，在考古資料中都可以找到。也就是確實有「物」的證據，以支撐這個文化的存在。

而這兩種訊息結構，在考古及現代「物」的證據中，只有中華古文明出現過。其中結繩也在祕魯出現，而且一直進化至西班牙人佔領後才終止；反而是在中華古文明中，這兩種信號儲存方式沒有進一步發展，而是被象形文字、甲骨文、隸書……等類比形式的記號，刻在竹片或牛骨、龜甲之上，漸漸成為主流，而將原始的「數位文化」逐漸忘記並淘汰。

但結繩文化在我們的文化中卻到處都留下足跡、印記。

在文字中有桃園三結義、結婚、結社、團結、同心結、結果、結束、結連理、張燈結綵……，而中國結就是用一條繩子編織出各種圖案的工藝作品。

這些結繩記事衍生的證據，在數千年前黑陶或彩陶的花紋中都有大量發現。而這種陶器上的繩紋，在歐洲的考古遺跡中尚未發現。

PART 4

還原一萬年前中華古文明的樣貌

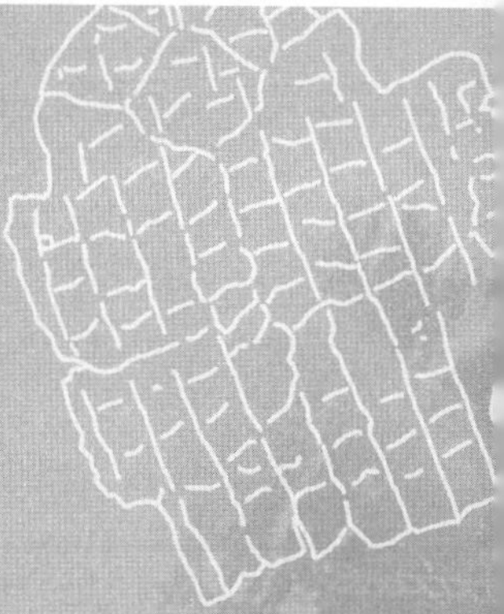

印加馬雅文化是中華古文明的精簡版？
從線索中可以推論，從傳說中可以想像，
從考古證據中獲得證實，
原來印加文化的先人經由白令海峽抵達美洲，
兩者間有明顯而確實的連結。

14 從經典中翻找線索

一萬年前是個非常久遠的時代。

是盤古（伏羲）開天闢地之前；是女媧補天、以泥造人之前；是隕石打出了太湖這個大坑，摧毀中華文明之前……；更不要說三皇、五帝或夏、商、周這些有歷史記載的年代了。

我們試著從傳說、各種文字記錄，例如《山海經》、《路史》、《竹書紀年》、《淮南子》等可能找得到的文獻去搜尋，即使內容荒誕不經也好，但就是找不到盤古開天闢地以前的任何線索。

找不到文字的記錄，那麼留下來的「物」呢？

這個「物」，可以是考古活動中找到的實體物件，如青銅器、陶器，也可以是文化的或知識的呈現。

這個「物」，可以是任何形式，只要有證據的價值，能夠證明中華古文明的存在。於是，我們開始從「物」中抽絲剝繭。

◆線索一：地理圖志

《山海經》所記錄的地理部分，真實性非常高。

以〈南山經〉中的一段為例：

南山經之首曰䧿山。

其首曰招搖之山，臨於西海之上，多桂，多金玉。有草焉。其狀如韭而青華，其名曰祝餘，食之不饑。有木焉，其狀如穀而黑理，其華四照，其名曰迷穀，佩之不迷。有獸焉，其狀如禺而白耳，伏行人走，其名曰狌狌，食之善走。麗䳋之水出焉，而西流注於海，其中多育沛，佩之無瘕疾。

又東三百里，曰堂庭之山，多棪木，多白猿，多水玉，多黃金。

又東三百七十里，曰杻陽之山，其陽多赤金，其陰多白金……

除了地理位置的描述會直接寫出方位與距離外，可以發現各地動植物、風土、重要的產物也記錄得十分詳細。

有點像今天的地籍資料，只是其中記載的動物，乍看其形容有如怪獸，總是令人不解。不知是幻想，還是真有其獸？或是影子加上幻想？

《山海經》先始資料可能是圖冊，後來圖經失傳，只剩下文字的描述傳世。這些地籍資料，本來應該是珍藏在官府或皇宮內的資料。在印刷術沒有發明之前，典籍的抄本是非常珍貴的，而能看到的人一定是負責保存管理資料的人，或是皇帝和重臣。

只要擁有這些珍貴知識，就擁有許多優勢。因為能知道路徑，知道產物，知道各地風土、人情等情報，而這些是治理國家時十分重要的參考資料。

也可以說擁有這些資料的人，就能成為智者。好像擁有奇能一樣，不必親自到現場，就能知道當地的樣貌。

原版的山海圖經原來應該是存放在周天子的「圖書館」中，只有皇帝、大官及圖書管理人員才有機會看到。究竟是什麼樣的原因，會將這麼寶貴的資料，由皇宮中拿出來，又寫成書冊在民間流傳呢？

在前文我們討論過王子朝棄周奔楚，帶走大量周天子宮中的文物。後來王子朝被殺，這些文物及保管文物的官員都流落民間，有可能就是這些官員們將文物重新整理，寫成《山海經》。

考據《山海經》成書時間及地點，都與這個歷史事實相符，因此可能性極大。當然在後來的歲月中，想必又經過很多人、很多次的加工，才成為今天我們所看到的《山海經》。

◆線索二：上古醫術

根據前面的說明，可以理解《黃帝內經》成書的時間，其實約在西漢時期，在陰陽五行理論已經盛行之後。

且自西漢以降，中醫之發展似乎都局限在註解《黃帝內經》，沒有其他的大突破，反而視野變得愈來愈窄，格局則愈來愈小。

反觀《黃帝內經》成書之前的一些中醫相關記載，無論案例或學說均較活潑且豐富。

在歷史文獻之中，真正有具體行醫史實的，應推春秋時代的扁鵲。在《史記・扁鵲倉公列傳》，詳細記載扁鵲獲得特異功能的故事，以及他周遊各國診病的一些過程。

文中一開始就提到扁鵲與長桑君的因緣，由於獲得長桑君所傳祕方，扁鵲因而獲得透視功能，得以看見人體內部。原文是這樣的：

長桑君亦知扁鵲非常人也。出入十餘年，乃呼扁鵲私坐，閒與語曰：「我有禁方，年老，欲傳與公，公毋泄。」

扁鵲曰：「敬諾。」

乃出其懷中藥予扁鵲：「飲是以上池之水，三十日當知物矣。」乃悉取其禁方書盡與扁鵲。忽然不見，殆非人也。扁鵲以其言飲藥三十日，視見垣一方人。以此視病，盡見五藏癥結，特以診脈為名耳。

倉公姓淳于名意，歷史故事「緹縈救父」的主角，曾任太倉令，因此世稱為倉公，《史記》中有段倉公介紹自身醫術的敘述：

自意少時，喜醫藥，醫藥方試之多不驗者。至高后八年，得見師臨菑元里公乘陽慶。

慶年七十餘，意得見事之。謂意曰：「盡去而方書，非是也。慶有古先道遺傳

黃帝、扁鵲之脈書，五色診病，知人生死，決嫌疑，定可治，及藥論書，甚精。我家給富，心愛公，欲盡以我禁方書悉教公。」

原來倉公的師父公乘陽慶擁有家傳黃帝、扁鵲之脈書與醫術，傳授給倉公後，才成就一代名醫。而倉公所留下的醫案，更是以後中醫醫案的樣本。倉公留下二十五例，十五例治癒，十例不治。在扁鵲倉公時期，脈學開始推廣，而且與經絡學說結合一致。

扁鵲目前較為大家接受的存在時期，約為西元前五二〇年至前四六五年，而倉公則晚了一百多年。這兩位大名醫活躍時期，都比《黃帝內經》在西漢時期成書，早了二百至三百年。

有趣的是，扁鵲的師父是長桑君，而長桑君又是向誰學的醫術呢？而倉公的師父，又不是扁鵲或扁鵲的徒弟，而是公孫光與公乘陽慶。那麼公乘陽慶的師父又會是誰呢？公乘陽慶所教的，與長桑君教的是同樣的醫術？

這些醫學知識一再被傳授，到底源頭是誰？誰發明了什麼？依據上述的史料記載，扁鵲與倉公本來醫術平平，經過師父傳授藥方與診法之後，才突然成為神醫。這與今日武俠小說中的大俠，偶然得到武林祕笈或真人傳授，突然間武功大進，如出一轍。

由扁鵲與倉公師承來看，當時在民間流傳的醫術並不是只有一條線式的單傳，但也不是廣為流行。

◆誰是中醫始祖

我們在張仲景《傷寒論》的序文中可以看到：「**上古有神農、黃帝、岐伯……，中世有長桑、扁鵲，漢有公乘陽慶及倉公，下此以往，未之聞也。**」

張仲景提出了這些史上有名的醫生，認為倉公以下就沒有著名的醫生了。但是史載倉公至少傳了三個弟子，宋邑、唐安、杜信等人，顯然這些人並未能成為有名的醫生，而沒被張仲景看在眼裡、記錄在書裡。可見即使得了真傳，悟性不夠，還是無法成為名醫。

由此看來，中華醫術所有歷史上記載的多為名醫，而這些名醫的造就，一是傳承了師父教的學問與技術，二是加上自己的領悟，才能成功。記錄中並未載明誰發明了什麼技術、提出了什麼學說。如果我們沿著張仲景的指示，似乎神農、黃帝、歧伯就是中醫之始祖了。

《黃帝內經》的精華內容是黃帝問、歧伯答，似乎表示歧伯是黃帝的師父。而歧伯的師父是廣成子、赤松子、中南子？在歷史中找不到歧伯其他資料或行醫的事蹟，因此很難判斷歧伯是否真有其人，或只是用來引出書中內容的引子。

但有另一個名字「俞跗」，也在《史記・扁鵲倉公列傳》中被提到：

上古之時，醫有俞跗，治病不以湯液醴灑，鑱石撟引，案扤毒熨；一撥見病之應，因五藏之輸，乃割皮解肌，訣脈結筋，搦髓腦，揲荒爪幕，湔浣腸胃，漱滌五

藏，練精易形。

關於這位名醫，至少有三個重點。一是以湯藥形式治病，行之久矣；二在上古**時代，外科也非常發達；三是在經絡上用針、燃艾（灸）或撥的手法來由曲成直，以定經絡。依照經絡理論來治病，源自上古時期，可能在新石器時代就已經有完整的體系。**

我們最感興趣的是搦髓腦。這可是腦外科手術，在萬年前的新石器時代，這是可能的嗎？

在祕魯的考古活動中，曾找到很多頭顱，上面打了洞，有些洞還有生長回復的現象。表示有些人在頭顱打洞、開腦之後，又生存了一段時間，所以這些洞又重新長新的骨頭出來。而由有新生骨頭的洞，與沒有新生骨頭的洞（表示打洞後死亡）的比例，推估當時開腦的成功率高達八至九成，這個數字以今天的標準來看，也是非常高的。

這證明俞跗的開腦術並不是空穴來風，此項醫學技術也遠傳印加，並且被廣為應用。至於其他外科手術或經絡理論，是否也在一萬四千至一萬二千年前由華中、華北地區傳入美洲？因為結繩所記之事，今日已無人能讀，這些寶貴的考古證據，只好繼續等待機緣來解答了。

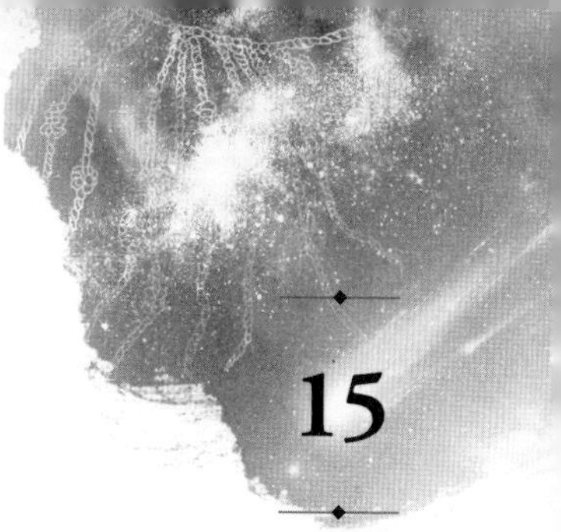

15 印證傳說中的說法

許多傳說以現代的觀點去解釋，往往能有意外的收穫與趣味，甚至可以與事實相印證。例如說到印加或馬雅文化與中華古文明的相關性，在《山海經》中有一些有趣的線索，其中最具代表性的應該是夸父追日的故事。而在研究了隕石衝擊事件後，盤古開天地的傳說也有了不同的想像。

◆夸父追日遇極晝

夸父這個名字在《山海經》中出現多次，其中追日的故事在〈海外北經〉及

〈大荒北經〉中皆有記載。這在惜字如金的古文獻中十分罕見。這兩段內容如下：

「夸父與日逐走，入日。渴，欲得飲，飲於河、渭；河、渭不足，北飲大澤。未至，道渴而死。棄其杖，化為鄧林。」（摘自〈海外北經〉）

「夸父不量力，欲追日景，逮之於禺谷。將飲河而不足也，將走大澤，未至，死於此。」（摘自〈大荒北經〉）

兩個記載的內容雷同，夸父字面上意思是高大的巨人，他一直追著太陽，追到後來就渴死了。

這個記載已收在大陸的教科書中，該如何由現代知識來看待這個記載呢？即使是搭乘現代的飛機，也要超過音速，才可能追到太陽，這位夸父的腳程也未免太快了吧！

要解答這個謎題，我們要注意的是這個記載出現兩次，一次在〈海外北經〉，表示在海外，而且在北方。

由前面所討論過的內容，我們已經知道印加人在一萬四千年至一萬二千年前曾越過今天的白令海峽，到達美洲的事件。而〈海外北經〉所描述的正是白令海峽附近的事情，非常有可能是這群遷往美洲的印地安人遠祖，華中、華北的移民眼中所看到的事件。

而同樣的記載又出現在〈大荒北經〉的部分。這表示所記載的事情並不需要在海外發生，只要不斷往北走，一個腳程好的人就能在大荒的北國追太陽。介紹到這裡，答案已經呼之欲出。

這應該是在接近北極圈所發生的事情，時間則是在接近夏至的時候。因為此時在北極圈附近，太陽是不下山的，也就是極晝、永晝的現象。

當一個人在夏天一直往北走，日出的時間愈來愈長，最後太陽就不下山了。所以〈海外北經〉與〈大荒北經〉記載的，都是接近北極地區所發生的事情，只是記錄這件事的這個人，應該並未親臨北極，而是聽人說的。因而認為如果這麼接近太陽，又努力奔跑追著它，一定是又熱又渴。卻不知道北極的太陽，即使在夏天，也是溫煦可愛的呢！

◆隕石風暴後的盤古建設

除了夸父的故事可以現代觀點來詮釋外，盤古傳說也能如此推敲，例如三國時代徐整所著之《三五歷記》中有段盤古傳說，曰：

天地渾沌如雞子，盤古生其中。萬八千歲，天地開闢，陽清為天，陰濁為地。盤古在其中，一日九變，神於天，聖於地。天日高一丈，地日厚一丈，盤古日長一丈。如此萬八千歲，天數極高，地數極深，盤古極長。

中華文明在中原地區，被一顆巨大的隕石砸出了太湖之後，就呈現一片天昏地暗，豈不就是「**天地渾沌**」？不知經過了多少年，「**天地開闢，陽清為天，陰濁為地**」，這昏暗灰濛的狀態才逐漸褪去。隕石事件不就是盤古開天闢地故事中所敘述的景況嗎？

將傳說神話用不同的角度去解讀，這些線索都會是有趣的發現。

16 考古證據會說話

玉的文化在中華地區有很長的歷史，而青銅器也是文明的象徵。在《山海經》所記載的山中，常有「**此山多金玉**」的描述，其中金就是銅礦，而玉是玉石。

在新石器時代，玉的製造、加工，與銅的冶煉幾乎是平行發展，總是在同時期一起產生。而陶器製作發生的時間更早，是更原始之文明。

無論是陶器、玉器，或者青銅器，若將各地考古活動中發現之「物」串聯起來，或許就能窺見中華古文明的面貌。尤其是玉器與青銅器，更可以顯現出當時的文化與文明。

◆出土青銅器

先來看看青銅器的部分，由青銅來當做文化之指標。

目前發現最古老的青銅器，是在四川省廣漢市郊三星堆遺址中所出土，讓世人重新認識巴蜀文化。而根據^{14}C的測定，應在西元前二千五百年至前一千六百五十年之間，比起夏朝西元前二千零七十年至前一千六百年可能還要更早。在三星堆出土的文物有：

(1)世界上最早、最高的青銅神樹，樹高三八四公分，分布三層枝葉，上有神鳥與花果，下有神龍盤踞。

(2)世界上最早的金杖，重約五百多公克，長一四二公分，直徑二・三公分。有可能是象徵權力的權杖，進一步證明中華古文明中有使用杖的文化。

(3)世界上最大的青銅立人像，高二六二公分，重一八〇公斤，可看出穿著三層衣服，衣服上飾有花紋。

(4)世上最大青銅縱目面具，高六四・五公分，兩耳之間距離為一三八・五公分，壯觀威嚴。眼睛是外凸的柱狀，造型十分奇特。

(5)其他出土青銅人頭像、面具，達五十多件。

◆來自南方的良渚玉器

三星堆的青銅文明是目前中國發現最早的青銅文化。

那麼玉器呢？

黃河流域，也就是華中、華北地區，是我們一向認為的古文明發源地，但在近代的考古遺跡中，從來沒有在這個區域中找到過殘留的玉器。

反而是在外圍的良渚文化、石家河文化、三星堆及紅山文化中，才有高度玉器文明的遺跡或古物。

在歷史及考古的證據中發現，分布在浙江杭州一帶的良渚文化，大約在一萬年前才從西南方（約在桂林、廣西、南越等區域，古稱駱越人）大規模遷徙，最後落腳良渚，開始發展。

由於附近並沒有玉礦，因此不禁令人感到困惑：這些玉石精品的原料，也就是玉原石，是從哪裡來的？

良渚文化在太湖的四周產生，不正是隕石落下的地區嗎？那麼怎麼會有文化產生呢？

的確，原來的居民早已灰飛煙滅。但良渚人是在距今一萬年以內，估計應是在六、七千年以前，才一批批遷來此地。那時太湖已經歷「開天闢地」，隕石衝擊出的大坑中也填滿了水，是今日太湖的放大版。由於周遭水草豐美，吸引駱越人大批移居此地，並將精美的家當、各種玉器等物品，由南越、桂林等地一起搬到太湖地區，而在五千三百年前開創了輝煌的良渚文化。

所以，這些精美的玉器或是玉原石，應是良渚人由南方帶來，並不是在當地產生的。

◆衛星文化更勝中原之因

在考古文物中，玉器最精美、最古老的則推紅山文化。紅山文化距今約五、六千年左右，主要是分布在西遼河上游地區，包括內蒙赤峰，此地可能八千多年以前已有文化活動；後來在遼寧省西部地區也發掘了許多遺址，主要為阜新蒙古自治縣之沙拉鄉查海遺址，而這裡正是先民通往白令海峽必經之地。

紅山文化與三星堆一樣，是遠離中原地區的文化遺址，而以其當時對玉器之製作，都遠遠領先相同時期，更勝過夏之前、甚至商朝的文明。

▲圖一：紅山文化出土玉器中，有許多太陽神的玉雕，與印加文化相呼應。

良渚文化，可能由南越移入；三星堆及紅山文化，也都遠離華中、華北地區。但其玉器之文化，遠遠領先了中原地區之正統中華文明，更加強了我們對一萬年前中華文明大滅絕的確信。

換句話說，本來是衛星地區的文化，由於沒有受到毀滅，反而領先了原來文化的中心地區。在那裡的人、物、考古證物、化石、玉器，甚至青銅器、數位文化……，並沒有被隕石衝擊而瞬間消滅。

▲圖二：從紅山文化出土的雲形玉珮，可看出孔洞之細小、圓形切割技術之細緻。

◆紅山與印加文化的共同元素

經由紅山文化，我們進一步看到一萬年以前中華文化的一些面貌，如果再與一萬二千年前遷徙至印加、馬雅之文化相比較，就更能明顯發現一些一萬年前中原文化的痕跡。

例如紅山文化崇拜太陽神，在遺址找到大量太陽神的玉雕（圖一），這與印加人拜太陽神、愛玉器的文化類似。其他出土的玉器，更是造形精美，雕工細緻（圖二），甚至有能力穿出一個〇・一七公厘的孔。

◆中國也有金字塔

而更有趣的是，在牛河梁發現一座五千五百多年以前的金字塔（圖三），目前土堆看起來的高度有十六公尺，直徑四十公尺，內層石圈為六十公尺，外圈則為一百公尺。但其真實高度可能不止十六公尺，而直徑也不止一百公尺。

這座五千五百多年以前的金字塔，比埃及的三大金字塔還早五百年左右，歷經五千多年，不禁令人好奇是否還有極大部分被埋在地下層之中？就像希臘的古城遺址，距今不足三千年，目前已離地表十餘公尺了。

這個金字塔上面是平頂，而且頂上有三圈石頭圍起來的建築，每層高一公尺，再伸進十公尺。這個山頂平台，目前推斷可能是煉銅的遺址，因為找到許多坩堝樣的桶，這些桶高約三十多公分，開口也有三十公分。可是在紅山文化遺跡中沒有找到青銅器，表示這些工具有可能是另有他用，或是當時工藝不佳，青銅器皆已鏽毀了？

但由金字塔似圓似方的結構，頂上又有平台建築，姑且不論此平台是祭祀或冶金之用（冶金在當時可能也

▲圖三：在牛河梁發現的金字塔遺址，原本看起來就像是山坡土堆，開挖後才發現為平頂金字塔的構造，與印加文化的金字塔相似。

是神聖的任務），都與馬雅文化的金字塔極為相似，而不像古埃及的尖頂金字塔是用於墓葬。以上種種跡象，都強烈證明了馬雅印加文明與中華古文明的連結。

17 新觀點再論《黃帝內經》

中藥與方劑在世界藥學中自成體系，所有系統整理的文獻皆稱本草，而其發源是《神農本草經》。

◆藥物與藥理之始

不過，本草之始的《神農本草經》，作者一直沒有定論。

但是由之前對中醫學的介紹，加上《漢書・藝文志》中提到商之伊尹著有《湯液經法》，並歸於經方派，內容以方劑為主，而晉皇甫謐在《針灸甲乙經・序》中寫到：

伊尹以亞聖之才，撰用《神農本草》，以為湯液。……仲景論廣伊尹湯液為數十卷，用之多驗。

《資治通鑑》中則描述：

伊尹佐湯伐桀，放太甲於桐宮，憫生民之疾苦，作湯液本草，明寒熱溫涼之性，苦辛甘鹹淡之味，輕清重濁，陰陽升降，走十二經絡表裡之宜。今醫言藥性，皆祖伊尹。

可以說伊尹是第一位有詳細被記錄的湯液高手。就連張仲景的《傷寒論》，也被認為是將伊尹的《湯液經法》內容擴大為數十卷才成就之。但可能因為《傷寒論》的內容較《湯液經法》更廣、更完備，更加體系分明，因而《湯液經法》也就此失傳了。

但從《資治通鑑》的記載看來，無論是中藥之性味、升降、陰陽及歸經等核心理論，伊尹都已經提出，且似乎比《傷寒論》的六經辨證更為完備，為什麼還會被《傷寒論》取而代之呢？

可能是仲景之作，縮小範圍，直接針對病症感染提出解決方案，進一步醫藥兼顧，尤其是針對病毒感染，實用性較高，因此更廣為流傳。而伊尹的《湯液經法》是本草式的著作，像《神農本草經》一樣，就一般藥物作全面性介紹，其中應該也加了一些方劑，否則張仲景怎能推而廣之。因此，伊尹之作是一部「本草」加「方劑學」基礎理論的作品。

但是就伊尹一生的工作來看，身兼數職，包括政治家、軍事家、思想家，甚至廚師。理政安民五十餘年間，湯藥是他副業中的副業，而能有時間著《湯液經法》也真是精力過人。

◆黃帝時期真的發明這麼多東西？

如果再看一位中華遠祖「黃帝」，那就更不可思議了。文字、衣裳、醫藥、天文、地理、音樂……，似乎所有上古的重要發明，都是由黃帝或他的臣子、他的妻子所完成的。

就拿藥物學來說，有「桐君」所著《桐君採藥錄》，是最早的製藥學專書，而桐君是黃帝的臣子。還有少俞，是針灸的最早使用者，同樣也是黃帝的臣子。

加上《黃帝內經》、黃帝之《陰陽易》，黃帝由九天玄女傳授河圖洛書，黃帝可是比伊尹更忙。伊尹只做了幾十年的宰相，黃帝可是做了幾十年的皇帝。

在這麼多黃帝發明的事物之中，如果要仔細分析，真可說是無所不包了。一個人與他的家人、臣子，包辦了當時幾乎所有的重大發明，真是令人難以相信。

試想，在前述中華文化的傳說故事中，一萬年前的傳說完全找不到，而接近一萬年的，也只有盤古（伏羲）開天闢地、女媧補天、夸父追日……少數幾個故事。可是到了黃帝時期，隨著文明的進步，一下子有了文字、音樂、衣裳、醫術（《黃帝內經》）、中藥（《神農本草經》）、治國平天下的大道理（河圖洛書）、做人處事與占卜的道理（《易》）、山川形勢與地理物產的記錄（《山海經》）……等等，這要如何理解呢？

一個可能，是在軒轅氏（黃帝原姓氏）之前，就有許多人發明了這些東西，而全都歸功於黃帝。

另一可能是如《淮南子・修務訓》所言：「**世俗之人，多尊古而賤今，故為道者，必托之於神農、黃帝而後始能入說。**」也就是後人假托黃帝、神農之名，在後世做的偽作。

◆《黃帝內經》從何而來

此書名曰《黃帝內經》，表明是《呂氏春秋》成書之後，也就是五行學說流行之後的漢代所完成。

特別是其中有關「五行」、「五運」、「六氣」的理論，不僅語法上與其他部分相異，反而與《呂氏春秋》幾乎雷同。此外，不只是漢代首次成書之時，有增加偽作假托的內容，想必後來的人又加添了許多有些合理、但大多不合理的文字。

如今分析起來，可以歸納出以下的結論：

陰陽理論是河圖洛書、《易》所共同採用的內容，所以應該是原始思想，值得信任；十二經絡可追溯到伊尹、俞跗，而且只有一個標準本，也表示可信度很高。

因此，我們必須針對陰陽理論，尤其是十二經絡的醫學理論，認真思考，究竟這兩者是如何產生，又是如何傳承的？

陰陽理論是把事一分為二的思考方式，與二進位一樣，很容易發想出來，而演化為後來的廣泛應用，也像電腦二進位一樣，都不難想像。

但是十二經絡就很難想像了。這是一個龐大的體系，必須依據對血液循環現象的充分了解，對身體結構的徹底把握，才能精確的定出經絡途徑、各個穴道的可靠位置，以及相互之間的作用關係。

更困難的是，對經絡與各個穴道之命名，尤其是布滿全身的穴道名字，不僅系統化，而且典雅又實用。必是集合眾人之力，以大量的時間仔細地推敲，才能完成穴道的命名工作。

如果與現代西方生理學比較，循環系統的解剖，就算在現代資訊工具支持下，經過幾十年投入大量人員研究，至今仍不能理解血液是如何流進器官，也無法知道人體在分配血液時，是依據什麼原理。

那麼五千年前的《黃帝內經》是怎麼知道這些，並研發出這一套連我們現代中國人也似懂非懂的理論呢？

說五千年似乎仍過於保守。近代考古的資料中，在接近中原地區，例如河南與山東西部的龍山文化裡，並沒有任何重大醫學知識或外科工具的記載。而且此區域比起四周較邊陲的三星堆文化、紅山文化、良渚文化都落後千年以上，這些邊陲文化也沒有經絡的相關記載。

經絡理論是十足的無頭公案，在歷史上完全找不到發展的痕跡，也沒有傳說或遺跡證明其存在。怎麼一下由俞跗、伊尹的記載開始，就是完整的理論體系呢？

◆數位系統的前世今生

在《河圖洛書新解》一書中，我們仔細地分析了河圖洛書的發現與內涵解釋的演變，說明如何隨著文化的變遷，改變其含義，並進而回頭引導中華文化的發展方向。這是一個文化由昌明到愚昧，由文明到原始的退化過程。

那麼《黃帝內經》呢？

河圖洛書是至少八千年以前的文明，如今進一步了解華中、華北地區在一萬年前發生的大毀滅之後，我們可以推論：河圖洛書有可能是一萬年以前的文明所遺留下來的。

河圖與洛書所用的點，白為陽，黑為陰，這是陰陽，也是二進位電腦的基礎。

而一至九代表九件大事，或九個主要組成，筆者在《河圖洛書新解》中，特別強調九大主要分量，也就是諧波，這也是數位的表達方式。所以，河圖洛書是個徹頭徹尾的數位產物。

血液是如何分配的？如何輸送的？這個題目到最現代的生理學，都還沒有標準答案。

我們提出之**共振式血液輸送原理**是與生理最接近的論點。

在由牛頓力學導出這個血液輸送方程式時，這些諧波就自然成為特徵向量（eigenvector），而分別在各個經絡上運行。利用這個推導的過程，就自然而然可以將《黃帝內經》的十二經絡，藉由牛頓力學推導出來了。

雖然十二經絡不是類比系統的結果，但在目前傳統生理學中，循環系統還是個類比系統。

大家還記得在前面討論電視系統時，提到最近電視為了改善信號輸送，都由類比系統改為數位系統，因而使收視效果大幅改善。

前面已經說明過，類比信號是由波的振幅大小做為信號，這與現代生理學循環系統工作的理論相似。就是心臟將血壓出來，由壓力轉換為流量（在主昇動脈），然後就一直衝到了各器官、各組織。衝進各器官的血量，就是送進去的流量，中間是怎麼流動的，是怎麼轉彎的，都不知道！因為所使用的方程式，即使是對一條血管中血流的計算，也是誤差幾百個百分比。

而若**由十二經絡分頻，以共振方式送血，不僅可由共振方程式導出血液流動，而且可以分頻，以每個頻率中分得的能量，調控送到各個器官及經絡的血量。**這是個以十二經絡分頻率來調控全身供血分配的數位系統。所以，提出十二經絡的《黃帝內經》，其原始理論也是數位運作。

不幸的是，與河圖洛書一樣，春秋戰國時期發明了五行理論，在漢朝流行，並在宋朝成為所有知識的基本。由於五行理論是一個類比的理論，即是一個「不完備，也不夠正確」的理論，中華文化自此就由精確的數位文化，跌落至看似簡單卻不確實，看似好用卻錯誤百出的類比系統中了。

藥學，是依據醫學的基礎理論。在中藥及方劑理論中，歸經就成了最堅實的基礎，屹立數千年而不搖。

◆飛鴻印雪的文化遺產

由此可以推論，這些知識都可能是在一萬年前，中華文化以數位方式發揚光大時，就已經研發出來了。而一萬年前整個文明被隕石毀滅，如今只能由馬雅文化中看到一萬二千多年前中華文化的影子。不知是否也可能在這些古籍中印證一萬年前古人的智慧？

而在黃帝前後的聖王、明君，可能就是發現並進而傳承了某一項，或者幾項一萬年以前累積的知識技藝，擁有所長，因而被百姓推為共主。

所以那個時代是禪讓領導人，而領導人又多是聖王明君。最後把這些知識、文字、音樂、衣裳、治水、領導、醫術、曆法、藥理……等一切重大的發明，都歸在「黃帝」一個人的身上。

在《河圖洛書新解》書中提到：「凡是假托黃帝之名的事物，可能都與河圖洛書有關。」經過這本書的進一步推敲，我們希望更進一步地表達：「**凡是假托黃帝之名的事物，可能都與一萬年前的數位文化有關。**」

後記

由占卜來看上古文明之演化

一萬年前的文明，我們由傳說中宣稱是黃帝、神農發明的物件去「追尋」，而馬雅與印加文明也可提出一些旁證，再透過《山海經》之描述、紅山文化之佐證，或多或少也加強了我們的信念。

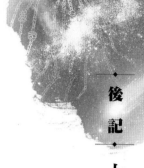

這裡我們再分析一下，由現代考古發掘找出的祭祀方式及工具，尤其是占卜用的方式及工具。

對上古人類而言，占卜是人與天溝通的方法。而在原始部族，巫師與首領都是一個部族中最重要的領導人物，因此這些由考古發掘的占卜工具及方式，可視為當時文明中領導階層最直接的表現。與前面所使用之推理不同，這些都是非常嚴格的考古證據。

◆以甲骨占卜

甲骨文是中華考古文獻中研究量最多的。甲骨文主要盛行於商朝，是以龜甲或骨頭來占卜。在此，將古人占卜的方式整理如下：

經過相關的學者專家考證研究後，發現商代人以「龍骨」做為占卜用的工具。在占卜之前，要先把龜甲或牛肩胛骨鋸削整齊，然後在甲骨背面鑽出圓形的深窩和淺槽，或者鑿出橢圓形的窩，合稱鑽鑿。

占卜時，先向鬼神禱告，將要占卜的事情說清楚，接著點燃木條，針對深窩或槽側燒灼，燒灼到一定程度，在甲骨的相應部位便會顯示出裂紋。

接著占卜者根據裂紋的長短、粗細、曲直、隱顯等各種狀態，來判斷事情的吉凶、成敗，然後用刀子把占卜的內容和結果等來龍去脈，刻在卜兆的附近，這些文字就是「卜辭」，也因此被稱之為甲骨文。

刻有卜辭的甲骨，被當做檔案資料，妥善地收藏在洞穴中，因而保存良好，得以流傳後世。

◆甲骨文占卜之分析

甲骨文在文字與歷史記錄上的地位是「傳奇性的篇章」，但就占卜角度來看，則有兩個重要步驟，

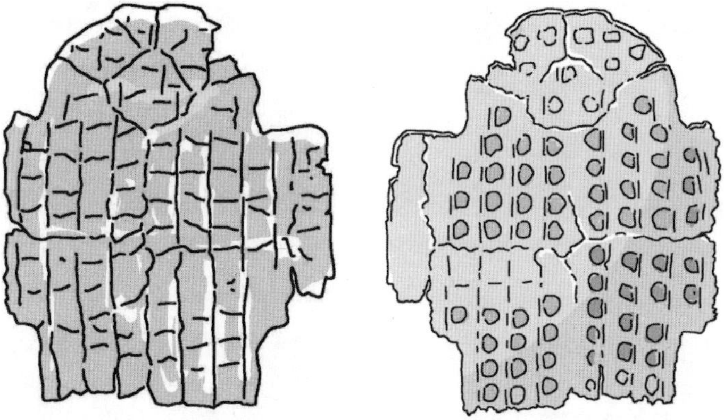

▲圖一：左圖為甲骨正面，占卜後會將卜辭刻在上面。右圖為背面，上面鑽鑿出圓形深窩與淺槽，占卜時就在此燒灼，以取得結果。

至今仍少有學者深入探討。

一、鑽鑿的規則：燒灼甲骨之後，產生裂紋，同時發出「卜」聲。因而「卜」是聲音產生之字。而燒灼之前要經過鑽鑿工序，這就有趣了。不同的鑽鑿方式或圖案，可能直接影響燒灼後裂紋或裂痕之產生，因此，如何鑽鑿應該是占卜的重點，值得探究。

二、占卜是由裂紋或裂痕分辨吉凶、成敗。那所謂的徵兆又是如何判斷？何為吉？何為凶？何為成？何為敗？需要進一步研究。

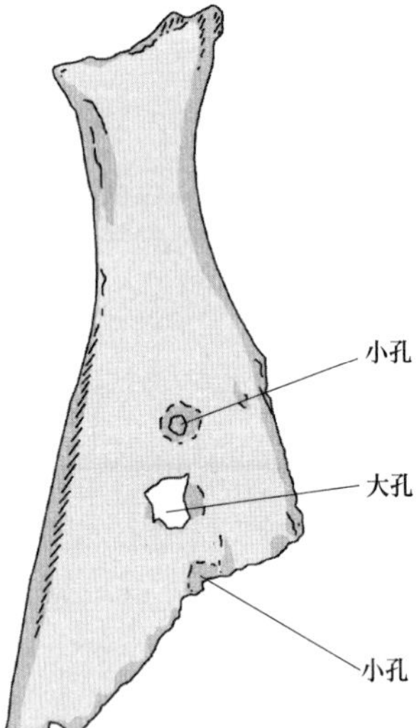

▲圖二：龍山文化的卜骨只有鑽，沒有鑿，也無燒灼，而且有大、小孔之別。

我們由圖二、圖三所示的鑽鑿圖案，看看再往前約二、三千年的龍山文化。甲骨也是有鑽鑿的圖案，但是並沒有燒灼，而且多為鑽（圓形之孔），少有鑿（橢圓形之孔）。可發現洞有大孔、小孔之別，此大小是否表示陰陽？這些孔洞是鑽在骨之正面，而非背面，且似乎直接表達了占卜結果。

但是打孔的原則又是什麼？同樣不得而知，也少有人研究。打孔所表達的只是吉凶？或成敗？或有更多資訊？

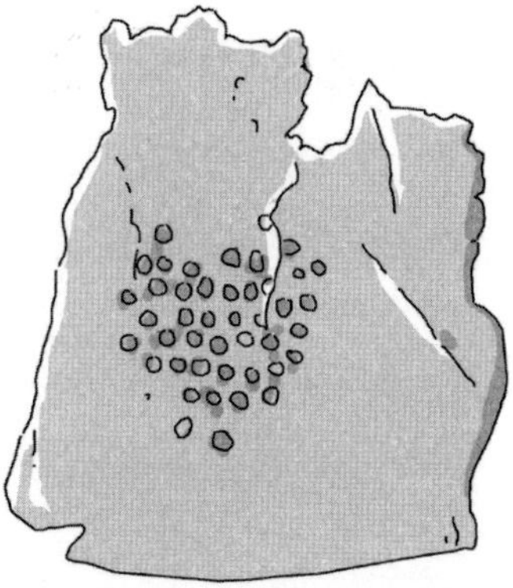
▲圖三：甲骨正面也是有大小孔，不知是否為陰陽，或者直接就是卜辭。

此鑽孔之圖形，所傳達的是八卦或易經卦象，還是以乳丁紋方式呈現的二維條碼，可以表達更多、更豐富的內涵？則是更為有趣而難解的問題。

◆龜殼搖卦

再往前推進兩、三千年，在賈湖文化期間，我們猜想其占卜過程，是把許多形狀幾乎相同的石子，放在烏龜完整的甲殼之中，再將石子由甲殼中一次一個搖出，就像今日的搖獎機一樣。而後依據搖出之順序，三個（八卦）或六個排列（易經之卦），而成為卦。最有趣的是，石子明顯有兩種顏色，大約一半是較深的顏色，而另一半較淺。那是否也代表陰陽？

這裡我們提出了許多問題，最後也提出兩個假設，提供後續研究者思考：

一、數位文化之基礎——陰陽，是從賈湖文化至龍山文化，再至甲骨文，逐漸淡出。

二、由於文字之興起與發展，將原有

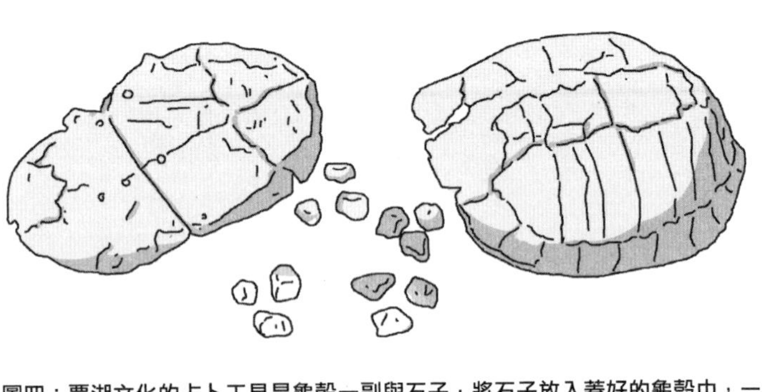

▲圖四：賈湖文化的占卜工具是龜殼一副與石子，將石子放入蓋好的龜殼中，一次搖一個出來，就能排出結果。

數位化的文化，如河圖洛書、《易》、十二經絡等逐漸淡化，反而慢慢在春秋戰國時，演化出五行相生相剋的類比文化。

國家圖書館出版品預行編目資料

河圖洛書前傳：用科學眼追蹤還原中華史前文明拼圖 / 王唯工著. -- 初版. -- 臺北市：商周出版：家庭傳媒城邦分公司發行, 2015. 01
面； 公分. -- (ViewPoint ; 82)
ISBN 978-986-272-735-5(平裝)

1.易經 2.研究考訂

121.17 104000270

ViewPoint 82

河圖洛書前傳——用科學眼追蹤還原中華史前文明拼圖

作　　者／王唯工
企劃選書／黃靖卉
責任編輯／林淑華
編輯協力／葛晶瑩

版　　權／吳亭儀、林易萱、江欣瑜
行銷業務／周佑潔、黃崇華、賴正祐、賴玉嵐
總 編 輯／黃靖卉
總 經 理／彭之琬
事業群總經理／黃淑貞
發 行 人／何飛鵬
法律顧問／元禾法律事務所王子文律師
出　　版／商周出版
台北市104民生東路二段141號9樓
電話：(02) 25007008 傳真：(02)25007759
E-mail：bwp.service@cite.com.tw
發　　行／英屬蓋曼群島商家庭傳媒股份有限公司城邦分公司
台北市中山區民生東路二段141號2樓
書虫客服服務專線：02-25007718；25007719
服務時間：週一至週五上午09:30-12:00；下午13:30-17:00
24小時傳真專線：02-25001990；25001991
劃撥帳號：19863813；戶名：書虫股份有限公司
讀者服務信箱：service@readingclub.com.tw
城邦讀書花園 www.cite.com.tw
香港發行所／城邦（香港）出版集團
香港灣仔駱克道193號東超商業中心1樓_ E-mail : hkcite@biznetvigator.com
電話：(852) 25086231 傳真：(852) 25789337
馬新發行所／城邦（馬新）出版集團【Cite (M) Sdn Bhd】
41, Jalan Radin Anum, Bandar Baru Sri Petaling, 57000 Kuala Lumpur, Malaysia.
電話：(603) 90578822 傳真：(603) 90576622

封面設計／行者創意
版面設計／林曉涵
內頁排版／林曉涵
內頁插畫／謝文瑰
印　　刷／中原造像股份有限公司
經 銷 商／聯合發行股份有限公司
新北市231新店區寶橋路235巷6弄6號2樓
電話：(02) 29178022 傳真：(02) 29110053

■2015年1月29日初版
■2022年12月6日初版7.5刷
Printed in Taiwan
定價250元

城邦讀書花園
www.cite.com.tw

 ISBN978-986-272-735-5

請於此處用膠水黏貼

商周出版

讀者回函卡

感謝您購買我們出版的書籍！請費心填寫此回函卡，我們將不定期寄上城邦集團最新的出版訊息。

線上版讀者回函卡

姓名：＿＿＿＿＿＿＿＿ 性別：☐男 ☐女

生日：西元＿＿＿＿年＿＿＿＿月＿＿＿＿日

地址：＿＿＿＿＿＿＿＿

聯絡電話：＿＿＿＿＿＿ 傳真：＿＿＿＿＿＿

E-mail：

學歷：☐ 1. 小學 ☐ 2. 國中 ☐ 3. 高中 ☐ 4. 大學 ☐ 5. 研究所以上

職業：☐ 1. 學生 ☐ 2. 軍公教 ☐ 3. 服務 ☐ 4. 金融 ☐ 5. 製造 ☐ 6. 資訊
☐ 7. 傳播 ☐ 8. 自由業 ☐ 9. 農漁牧 ☐ 10. 家管 ☐ 11. 退休
☐ 12. 其他＿＿＿＿＿＿

您從何種方式得知本書消息？

☐ 1. 書店 ☐ 2. 網路 ☐ 3. 報紙 ☐ 4. 雜誌 ☐ 5. 廣播 ☐ 6. 電視
☐ 7. 親友推薦 ☐ 8. 其他＿＿＿＿＿＿

您通常以何種方式購書？

☐ 1. 書店 ☐ 2. 網路 ☐ 3. 傳真訂購 ☐ 4. 郵局劃撥 ☐ 5. 其他＿＿＿

您喜歡閱讀那些類別的書籍？

☐ 1. 財經商業 ☐ 2. 自然科學 ☐ 3. 歷史 ☐ 4. 法律 ☐ 5. 文學
☐ 6. 休閒旅遊 ☐ 7. 小說 ☐ 8. 人物傳記 ☐ 9. 生活、勵志 ☐ 10. 其他

對我們的建議：＿＿＿＿＿＿＿＿

＿＿＿＿＿＿＿＿

＿＿＿＿＿＿＿＿

【為提供訂購、行銷、客戶管理或其他合於營業登記項目或章程所定業務之目的，城邦出版人集團（即英屬蓋曼群島商家庭傳媒（股）公司城邦分公司、城邦文化事業（股）公司），於本集團之營運期間及地區內，將以電郵、傳真、電話、簡訊、郵寄或其他公告方式利用您提供之資料（資料類別：C001、C002、C003、C011 等）。利用對象除本集團外，亦可能包括相關服務的協力機構。如您有依個資法第三條或其他需服務之處，得致電本公司客服中心電話 02-25007718 請求協助。相關資料如為非必要項目，不提供亦不影響您的權益。】

1.C001 辨識個人者：如消費者之姓名、地址、電話、電子郵件等資訊。
2.C002 辨識財務者：如信用卡或轉帳帳戶資訊。
3.C003 政府資料中之辨識者：如身分證字號或護照號碼（外國人）。
4.C011 個人描述：如性別、國籍、出生年月日。

請於此處用膠水黏貼